董秘修炼手册

田瑞龙 著

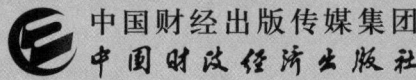
中国财经出版传媒集团
中国财政经济出版社

图书在版编目（CIP）数据

董秘修炼手册／田瑞龙著. ——北京：中国财政经济出版社，2023.3（2024.2重印）

ISBN 978-7-5223-1716-8

Ⅰ.①董… Ⅱ.①田… Ⅲ.①上市公司-董事会-秘书-工作-手册 Ⅳ.①F276.6-62

中国版本图书馆CIP数据核字（2022）第196863号

责任编辑：孙　琛　贺靖轩　　责任校对：胡永立
封面设计：陈宇琰

董秘修炼手册

DONGMI XIULIAN SHOUCE

中国财政经济出版社 出版

URL：http://www.cfeph.cn
E-mail：cfeph@cfeph.cn

（版权所有　翻印必究）

社址：北京市海淀区阜成路甲28号　邮政编码：100142
营销中心电话：010-88191522
天猫网店：中国财政经济出版社旗舰店
网址：https://zgczjjcbs.tmall.com
北京中兴印刷有限公司印刷　各地新华书店经销
成品尺寸：170mm×240mm　16开　13.75印张　200 000字
2023年3月第1版　2024年2月北京第2次印刷
定价：66.00元
ISBN 978-7-5223-1716-8
（图书出现印装问题，本社负责调换，电话：010-88190548）
本社质量投诉电话：010-88190744
打击盗版举报热线：010-88191661　QQ：2242791300

序 一

经过三十余年的探索和改革发展，新中国资本市场制度和体系得以初步建立，境内上市公司数量超过 5000 家。截至 2022 年年底，中国 A 股市场共有 5067 家上市公司，总市值达 87.76 万亿元，位于全球股市的第二位。在资本市场发展过程中，亦能看到董秘功能的变化：在资本市场发展最初的十年，董秘没有受到市场的关注；在资本市场发展的第二个十年，随着法制化、市场化步伐的逐步加快，董秘在上市公司发展中的重要性不断增加；在资本市场发展的第三个十年中，特别是 2019 年以来，随着科创板、创业板注册制试点、北交所设立和 2023 年全面注册制改革的推行，董秘的重要性日益凸显。最早董秘的主要职能是信息披露，2005 年股权分置改革之后，机构投资者多了，上市公司需要不断提升市场价值，对董秘又增加了为投资者关注公司市场价值变化的责任。注册制试点以来，我国对提升上市公司质量提出了进一步的要求，对董秘在公司治理、信息披露、投资者关系管理等方面又赋予了更多的责任。

怎么才能成长为一位优秀的董秘？董秘从业者应该有怎样的职业定位，具备什么样的知识版图，其核心价值链条是什么？如何进行自我提升？如何成长为一个优秀的"职业拳击手"？《董秘修炼手册》这本书都尝试做了回答。对上市公司控股股东和管理层而言，上市只是公司踏入资本市场的起点，上市后还面临着"信息披露要求趋严，市场监管制度不断更新"的变化，因此，控股股东和管理层要求董秘发挥更大的作用，帮助上市公司利用好资本市场这个大平台，不断创造新的价值和提升价值。古人云："不患无位，患所以立"。董秘需要通过历练累积真才干、真本事，不断增强自身的竞争力和不可替代性。

随着资本市场改革深化，上市公司数量不断增加，董秘也面临着前所未有的机遇和挑战。敬畏市场、敬畏法律和敬畏风险是董秘必须始终保持的心态。唯有慎行如初，才能行稳致远。

希望董秘们通过对这本书的阅读，能够有所收获。

是为序。

黄运成

中国证监会政策研究室原副主任、经济学家

2023 年 3 月

序 二

守正创新，促进上市公司高质量发展

提高上市公司质量是党中央、国务院从战略和全局高度作出的重大决策部署，既是资本市场高质量发展的基础和保障，也是我国经济高质量发展的关键推动力。董事会秘书作为上市公司与资本市场对接的枢纽，承担着信息披露、投关管理、"三会"运作、资本运作、监管沟通等重要职责，对于上市公司规范运作以及充分利用资本市场实现高质量发展的相关工作中，发挥着重要作用，扮演着关键角色。

董事会秘书要充分发挥自身作用，应该做到守正创新。守正是基础，董事会秘书首先要做到勤勉、规范、充分履职，坚守住自身的职业操守和底线，这是对一个合格的董事会秘书的基本要求；创新是优秀董秘的必备素质和能力，要成为一名优秀的董秘，应该加强与履职相关的各种专业知识和政策法规的及时学习和思考，并根据新的监管要求和市场要求，结合公司自身的特点，创新工作内容和工作模式，不断提高工作的有效性。随着全面实行注册制以及我国资本市场对外开放的不断深入，将对董事会秘书工作思维的系统性、履职的专业性和实操能力水平提出更高的要求。田瑞龙先生所著的《董秘修炼手册》是一本非常具有实操性的董秘工具书，对于董秘工作的守正创新具有很大的参考价值。

田瑞龙先生长期从事上市公司董办、董秘工作，将业务实操经验与经典管理理论相结合，深入思考、总结、提炼，将散落于各项监管规则、各类实操工作、各种案例经验里的专业知识和管理方案抽丝剥茧、重组优化并整合生成体系化、模型化、标准化的工作方法论，并乐于与业内同行分享交流，受到了广泛好评。《董秘修炼手册》是我国资本市场第一部由董秘从业人员从内部视角解读、探讨董秘职业发展路径、管理理念和工作方法的著作，内容贴合董秘工作场景，深入浅出、通俗易懂又不失幽默的讲解董秘工作中经常遇到问题的解决方案和理念模型，为董秘从业者提升执业水平提供了非常具有实操性的参考方案。

愿我们共同努力，不断提升董秘群体的履职能力和职业化水平，积极推动促进我国上市公司和资本市场实现高质量发展。

何龙灿

中国上市公司协会副会长兼秘书长

2023 年 3 月

序 三
共创共赢 奔赴美好未来

2020年1月,我与田瑞龙相见、相识于古城丽江。当时,价值在线正在举办"易董?灯塔计划活动"。初见,他是一个很有想法的人。

2020年7月15日,易董正在举办"【一路同行】易董上线四周年"主题征文活动,田瑞龙向"易董四周年活动"送上了《董办人的管理之道——借用道法术器势的中国智慧》的精辟文章,给人一种有智慧、敢于深入思考的董办人形象。

刚好,价值在线打造的董办人干货知识平台——"价值法库"公众号,想要增加董办人视角类的文章,正好田瑞龙作为行业意见领袖发布了一些董办工作心得的文章,由此我们开始了想要共同合作的缘分。

紧接着,我们去了TCL拜访田瑞龙,他给我们分享了他的一些规划与想法,正好他已经有一套连载的题纲了,并且已经写了几章,与我们的设想不谋而合。

看到田瑞龙,看到他眼里闪耀的光芒,就像看到年轻时的自己,在这么大的资本市场中,个人的力量是很渺小的,职位越迁也很艰难,他却有很多的理想想实现,有很多的精力愿意勤恳付出,带有理想主义者的浪漫率真与"二愣子"青年的执拗固执,我特别感动于他这种自我价值实现的渴望与行动力,这个是我在年轻时想做而不敢做的。

那天的交流与吃饭,双方都有一种非常莫名的兴奋状态,并且将合作写"专栏"的初步意向也定了下来。经过几次愉快的讨论,2020年10月30日,双方最终敲定《董秘宝典》系列专栏合作项目。

2020年11月11日,《董秘宝典》系列专栏正式上线,在专栏开设的这一年的时间里,田瑞龙笔耕不断,坚持每周三发布一篇。截至2021年11月11日,价值法库共计发布了49篇《董秘宝典》专栏原创文章,总计129970阅读量,平均阅读量为2708,其中《董秘和证代的定位在何方?》阅读量为7471,成为最受董办人喜爱的专栏文章,此外,田瑞龙的文章也在行业内收获了不少易董用户的好评。

连载结束后,田瑞龙受到了各方的肯定,大家鼓励他将上述文章集结成册出版,也特别感谢田瑞龙,他有这个想法时,第一个来问我们价值在线是否愿意合作,我觉得这个idea非常好,我们就开始成立团队全力配合他的写作。包括文章中涉及法规的更新、统计数据的全部更新,引用"易董"相关内容的更新,合规性的检查等,力求全力协助田瑞龙一起,做一本董秘行业从业者自己写的书。

此刻,这本书即将面世,我的心情也久久不能平静,看到我们董秘这个行业的一颗新星正冉冉升起,他有激情、有思考、有行动力,正是他敢于打破边界,探寻自我转型突破的精神,也为我们董办人打开了一个新的道路,在我们的职业生涯中,如遇瓶颈,我们到底是选择"躺平",还是去寻找"出路"?

面对人生中的困境时刻,人生要选择在困境中求发展,积蓄力量,努力寻找到更开阔的发展路径。

你的选择,就决定了你拥有什么样的人生。

很感激生于这个时代,更加感激上市公司为国家实体经济发展做出的服务和贡献,董秘、证代、投关、董办工作人员这个群体更是在促进上市公司治理结构优化、提升上市公司信息披露及投资者关系管理水平、推动上市公司价值管理体系规范化构建等中发挥着重要的推动作用。

同时,他们也都是一个个有追求、有情怀的追梦人。

看到大家在各类活动中公开演讲推介公司、一路拜访投资者推荐公司,在各种评选活动中使劲拉票,这是我们每个在这个行业中从业者的初心,相信每一个在董办岗位上奋斗的人，非常努力的做着任何事情，都不吝惜付出青春光阴，不忘初心、勇踏征程，致敬每一位董办人！

青衿之志，履践致远，云程发轫，万里可期。

苏梅

深圳价值在线信息科技股份有限公司董事长

2023 年 3 月

目 录

自序——不同人眼中的董秘从业者 ················· 1

第一部分　董秘从业者和团队素描 ················· 7

1. 不同阶段公司的董秘团队配置 ················· 9
2. 不同规模公司的董秘团队配置 ················· 12
3. 董秘团队需要什么学历背景？ ················· 14
4. 董秘团队需要什么专业背景？ ················· 16
5. 董秘从业者薪酬情况大起底 ················· 20
6. 董秘从业者如何合理争取薪酬？ ················· 29
7. 董秘啊，你从哪里来？ ················· 33
8. 董秘啊，你要到哪里去？ ················· 37
9. 董秘从业者的职业生涯访谈 ················· 42
10. 来自董秘从业者灵魂的吐槽 ················· 45

第二部分　董秘从业者和团队的现状、隐患及去向 ················· 49

11. 董秘团队的现状 ················· 51
12. 董秘团队的隐患 ················· 53
13. 董秘团队的未来去向 ················· 56
14. 董秘团队管理的三要素 ················· 61

第三部分　董秘从业者和团队的定位 ········· 65

 15. 董秘从业者的职业定位 ············· 67
 16. 董秘从业者的关键知识版图 ············· 74
 17. 董秘从业者的核心工作 ············· 79
 18. 董秘从业者的核心价值链条 ············· 83
 19. 董秘团队的职责定位模型 ············· 88
 20. 要不来一个彩蛋吧 ············· 96

第四部分　董秘从业者的精进之路 ········· 99

 21. 如何打造一专多能的董秘团队？ ············· 101
 22. 董秘从业者如何提升自我？ ············· 104
 23. 董秘从业者超级个体之路 ············· 107
 24. 董秘从业者的供给侧结构性改革 ············· 112
 25. 董秘从业者的进阶升级之路 ············· 114
 26. 浅谈董秘从业者职业发展 ············· 116
 27. 一个非典型董秘的进阶故事 ············· 119
 28. 一个典型董秘家属的心声 ············· 123

第五部分　董秘从业者的领导力塑造 ········· 127

 29. 何谓领导者与领导力 ············· 129
 30. 董秘领导力之"道" ············· 133
 31. 董秘领导力之"法" ············· 139
 32. 董秘领导力之"术" ············· 141
 33. 董秘领导力之"器" ············· 148
 34. 董秘领导力之"势" ············· 151

35. 董秘领导力模型 ·· 153
36. 用领导力模型开展投资者关系管理工作 ·················· 156

第六部分　董秘业务法律文件梳理加减法 ·················· 159

37. 法律文件梳理的三个原则 ····································· 161
38. 如何通过法律文件汇编提升业务能力？ ·················· 164
39. 如何让业务部门掌握上市公司监管规则？ ··············· 186
40. 如何编制审批及披露事项速查表？ ························ 193
41. 如何构建上市公司规范运作事项审批地图？ ············ 195
42. 法律文件梳理工作总结 ·· 201

后　记 ··· 202

自序——不同人眼中的董秘从业者

开篇灵魂三问

第一，我们作为董秘从业者，如何介绍自己的工作？亲戚朋友又是如何认识这项工作的？

第二，工作当中，老板眼中的你和你的部门是干什么的？你的同事又是如何认识董秘和董秘部门的？

第三，我们自己眼中的董秘和董秘团队到底应该是一个什么样的定位？

请您在此停留三分钟，反思一下上面的三个问题，然后说出你的故事。

这三个灵魂考问也经常提醒着我自己。打车的时候，司机师傅问：你的定位准确吗？配钥匙的时候，老板问：你配什么？路过一个算卦摊，在五行八卦阵上打坐的大师问：你算什么？

毋庸置疑，董事会秘书是一个复合性工作，在高校职业培养体系中没有董秘这一类别的课程，我国证券市场方兴未艾，职业董秘出现不过20年左右。多少伙伴在做职业发展规划时不知所措？多少伙伴在工作一段时间后仍摸不清发展路径？多少伙伴在行业里摸爬滚打十余年却仍不掌握全景图？

本人曾作为某大型上市集团公司总部的董办管理人员，统筹管理全集团体系的公司治理、合规管理、资本运作、信息披露及监管关系维护等工作，在担任董事会秘书一职后，一直潜心于董秘从业人员精进及科学高效管理实践，长期为行业伙伴开展研究、培训、咨询服务，通过长期的调研及访谈的分析总结，试图勾勒董秘工作全貌，展开知识地图，从董秘及团队现状及困局、战略与定位、职责与定岗、机制与工具等方向，依据经典的管理理论，结合自己董办管理实操经验，针对当前董秘及其团队实际困难，探求董秘从业者精进的方法，摸索出一套属于董秘从业者的管理工作方法论。

那在正式分享前，不妨我们一起看一下董秘职业和工作内容在不同人眼中的样子吧！

不同人眼中的董事会秘书

亲戚朋友眼中的	同事眼中的	自己眼中的	实际情况
老板私人秘书？	神秘领导	资本市场掌舵人	发量堪忧

首先亲戚朋友眼中的董事会秘书是什么呢？好像一听秘书这个词，大家想到的都是女秘书，社会舆论经常会给大家引导成这个样子，颇具暧昧色彩。

同事眼中的董秘是什么样呢？一般都是觉得这是一个很神秘的人，好像他的照片经常会在公司年报上出现，但平时都见不着这个人，他到底长啥样大家都不清楚。

我们董秘自己眼中董秘如何？那一定是股神巴菲特这样的人物，纵横千里之外，运筹帷幄之中，把公司市值带得非常高，成为投资人眼中的股神。

但实际情况是什么样？悲惨的现实中，随着工作年限越来越长，这个头发确实越来越少，发际线年年向后方发起进攻，这是一个与头发无缘的工作。

不同人眼中的证券事务代表

亲戚朋友眼中的	同事眼中的	自己眼中的	实际情况
办证的吗？	股价要涨，给个眼色！	金牌董秘后备	写不完的公告，接不完的电话

那么我们证券事务代表（以下简称"证代"）作为董秘的小伙伴，在亲戚朋友眼中到底是什么呢？我以前跟朋友介绍我是个做证代的，人家就问你办个学历证多少钱啊？身份证能办不？这个真的是非常困扰，我们以前有一

个专门的证代QQ群，结果这个群建立之后呢，经常有人要加群说要办证，让我们哭笑不得。

同事眼中的证代是啥样呢？同事们往往觉得，虽然董秘总是找不着，但证代仿佛整天都闷在公司里头。证代们最经常被同事们问到的问题是"哎，我们公司股价涨不涨啊？哪天会涨啊？能不能买啊？"相信证代小伙伴们也经常会接触到这种问题，仿佛把握住证代就把握住牛市一般。

那证代眼中的自己是什么呢？那证代一定就是金牌董秘的后备人才，董秘是大部分证代的学习目标，证代后续的工作选项大部分是做董秘，并将此作为自己的前进方向。

证代的实际情况是什么样？那些平淡的日日夜夜里，我们经常一边对着电话，面对中小投资者无奈地进行各种解释，挨着骂；一边拿着电脑敲自己公司的公告，不停地查询相应的法规，搜索其他公司的披露案例。证代朋友们闭上眼，回味一下这是否是我们的日常呢？

那不同人眼中，董秘从业者主要的工作职责又是什么呢？

不同人眼中的公司治理

亲戚朋友眼中的	同事眼中的	自己眼中的	实际情况
朝阳群众？	保安？	顶层架构设计	书山会海过流程

当我跟亲戚朋友提到，我的工作有公司治理这一项时，长辈的脑中浮现的就是：这个是不是治安巡逻员呢？这一点跟同事眼中差不多，汇报工作时说自己的职责是负责公司治理事务，同事的反应是：治理是啥？没听过，好像挺高级的，搞得神神秘秘，姑且理解为负责公司的治安吧。

我们心目中的公司治理，是我们是要做好"三会"运作，做好公司的董事会、股东会、监事会以及高管层的"三会一层"管理，平衡各方利益机制，是公司最高权力机构的运作机制和管理方式，我们就像是整个治理运转机制当中的核心枢纽。

但实际情况是什么？我们经常会在"三会"的书山会海当中疲劳饥困，安排大领导们不断地开会，他们也非常累，"大佬们"各个被我们整得昏昏欲睡的。

不同人眼中的投资者关系

亲戚朋友眼中的	同事眼中的	自己眼中的	实际情况
陪吃陪喝陪聊	两块钱买不了吃亏，两块钱买不了上当！	万众瞩目的焦点	股市有风险，入市需谨慎

讲投资者关系（以下简称"投关"）这个就好玩了。我们一说我们做投关的，亲戚朋友往往说："呀，你做公关的呀，是不是经常要干夜场啊？黑白颠倒一定很辛苦吧！"这个形象真的是一言难尽，任凭如何解释，都摆脱不了亲朋好友那狡黠的一笑。

同事眼中的话，提到投关工作，大家仿佛经常会听到我们说："我们公司的市值现在是属于历史的低点/难得的买入机会/长期价值投资的买入点，未来公司将有很好的一个发展方向……（省去介绍公司战略和业务发展方向2000字），你现在一定要入手，再不买入可就错失良机了！"同事们总是听你说这些话，感觉我们的股票就像那最后两天狂甩清场的商品，X块钱，你买不了吃亏，你买不了上当……

自己眼中，做投关工作又是啥样？那我们就是股神巴菲特，我们就是查理·芒格，我们召开投资人会议，你看这彩旗招展，人山人海，千里迢迢来听我们对公司投资价值的宣讲，每次路演那都是万人瞩目，盛况空前。

但实际情况，好像更多时候我们是在做投资者教育，有些投资者永远听不见公司的发展战略和业务规划，只言片语中只听到赚钱二字，直接略过风险提示。当出现股价波动时便打来电话投诉，我们只好无奈地奉劝：股市有风险，入市需谨慎……

不同人眼中的信息披露

亲戚朋友眼中的	同事眼中的	自己眼中的	实际情况
写黑板报	重要消息来源	权威新闻发言人	查不完的法规，写不完的公告

那么讲信息披露的时候呢？近期跟亲戚说我的工作中很重要一部分就是信息披露，长辈们表示费解，我就是你可以理解为我们是做公司宣传工作的。他们追问："宣传工作一定是身穿绿军装，肩挂红袖标，手持红语录，慷慨激昂地朗诵高歌吧。是不是这个样子呀？这还真是个又红又专的工作呢。"

同事眼中的信息披露就是重大通知，我们一发什么公告，大家都是竖起耳朵听、瞪起眼睛看的，公告上网后立刻就会有同事来问我们这到底是什么意思。之后还是接着熟悉的那句话："现在可以买股票吗？"

我们自己眼中的话，我们就是外交部的新闻发言人，代表公司发布官宣信息，传递公司的投资价值，把公司的正能量传递给各个投资人，慨而以慷，义正辞严，妙笔生花，语不惊人死不休！

但实际情况是什么样？我们的信息披露工作面临着众多的法规，尤其是近些年法规调整得非常快，我们经常会在各种各样的法规和相应的披露准则里头痛苦地挣扎，生怕漏掉一点造成违规。我们老板也对这个公告的内容要求非常高，我们要逐字逐句地斟酌怎样来表述才能够贯彻老板的战略思想。

不同人眼中的资本运作

亲戚朋友眼中的	同事眼中的	自己眼中的	实际情况
不明觉厉，你们会不会是骗子啊？	纵横捭阖的战略大师	熬夜配泡面

提到资本运作，这仿佛是最高端、最拿得出手的一个工作。但是在亲戚朋友和同事眼中对资本运作工作感觉像什么呢？没错！正如上图，感觉像是

传销的。"你们这个靠不靠谱啊？你们玩股票的，是不是都是骗人的？"这也让我们非常痛苦。其实我们做资本运作更多是为了让金融反哺实业，从而为公司的持续发展提供新动能。

那我们自己眼中做资本运作是啥？那一定就是像这个样子：促成各方之间达成战略合作伙伴关系，为了未来共同发展，推进公司的进步。啊！这个真的是人生的高光时刻，尤其是在 IPO 上市敲钟的时候，在并购重组委或者发审会过会之后，大家的心情无比愉悦。"人生得意须尽欢，莫使金樽空对月！"

实际情况呢？快乐的时间总是那么短暂，稍纵即逝，大多时间都是在熬夜做材料，跟投行、律所、会计师事务所的小伙伴们不停地开展尽调、分析行业、打磨材料，在荣大伟业公司通宵的夜晚当中，我经常会碰到其他公司的董秘证代一起熬夜配泡面，大家都非常辛苦。

好了，说了这么多，都是从带有偏见的角度来看，其实这也反映了社会公众、亲朋同事，以及我们预期和实际情况的认知偏差。所谓"一叶障目，不见泰山"，需要我们打开一张全景图去分析我们的行业，《董秘修炼手册》试图从问卷调查、从业者走访等多个角度还原一个董秘从业者的职业素描，归纳总结董秘从业者和团队的工作现状、隐患困局，尝试找到未来的方向，探索董秘及团队定位和战略、职责和团队、机制和工具三位一体的管理要素，建立起董秘管理思维模型，并探讨董秘的职业精进路线。

那还等什么，请各位朋友坐好扶稳，调直座椅靠背，收起小桌板，打开遮光板，系好安全带，我们出发啦！

第一部分

董秘从业者和团队素描

  董秘团队应该是什么样子的？我们到底需要多少人的编制？又该设置哪些岗位呢？相信这些问题是董秘从业者长期关注的问题，那我们不妨从纵向——公司不同发展阶段维度，以及横向——不同体量不同区域不同行业的公司的对比维度，剖析一下董秘团队的现状，为大家客观地呈现一下有血有肉的董秘从业者和团队的状态。

1. 不同阶段公司的董秘团队配置

我们从公司草创阶段到上市以及上市后继续发展的角度，解读一下公司在不同发展阶段董秘团队的形态及工作职责。不同阶段公司的董秘团队配置如图1-1所示。

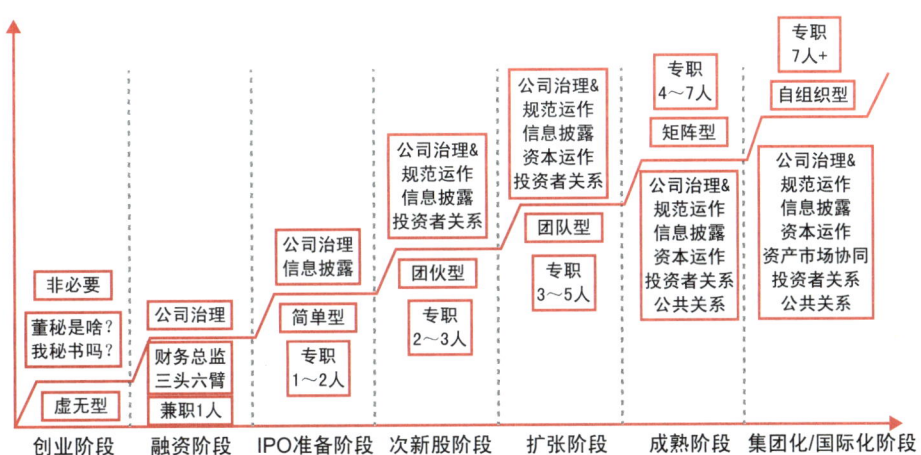

图1-1 不同阶段董秘团队配置及职责匹配情况（自制）

1.1 创业阶段——虚无型（0人）

首先是创业阶段，这个阶段我们称它为虚无型，因为此时是没有董秘组织的，这个时候问老板董秘是谁？老板第一反应往往问董秘是啥？我秘书吗？

1.2 融资阶段——兼任型（兼职1人）

在融资阶段，经过了初创阶段的迷茫，进入了A轮B轮融资的时候，往往是财务总监兼任董秘的工作，此阶段董秘主要的工作是负责公司治理，来召开一下董事会、股东会这些事项，介绍公司业务，将投资人引入进来，把治理结构给搭建好。

1.3 IPO准备阶段——简单型（专职1—2人）

到了IPO的准备阶段，也就是我们说的上市辅导阶段，这个时候一般也会形成一个简单型的董秘组织。中介机构会告诉老板或领导："你要上市最起码要成立一个董办，得有董秘来负责这些专项的工作。"此时除了公司治理之外，董办的工作内容增加了信息披露的事项。要做定期报告、招股说明书等披露文件，就需要专职董秘或者是具有相应经验的从业人员开展信息披露的一些工作。

1.4 次新股阶段——团伙型（2—3人）

终于我们熬过了IPO，蜕了两层皮，上市登岸后进入了次新股时代，我们把这个阶段叫做团伙型，这个时候我们的董秘团队基本上有两三个小伙伴了。此时董秘职责在公司治理的基础上，又加入了规范运作工作，就是根据《证券法》《交易所上市规则》及相关配套规章制度，做一些专项的合规管理型的工作，如重大交易、关联交易、对外担保等规范运作事项管理了。

此阶段也新增了一个投资者关系的工作，因为上市之后，公司由原来的非上市公司变成公众上市公司，就要面临很多的二级市场投资者，需要把投资者关系维护好，将公司的投资价值传递出去。

1.5 资本扩张阶段——团队型（3—5人）

在企业扩张时期，我们把此时董秘组织形态称之为团队型，团队要负责公司治理、规范运作、资本运作、信息披露和投资者关系这些工作。我们看到与前一阶段相比新增了资本运作工作，此时企业在内生式增长的基础上，开展外延式的并购重组，或者需要募集资金来助推公司的发展，资本运作的工作就这么被导入了。团队的人员提升到3—5人的规模，形成一个团队。

大家会问团队和之前次新股阶段的团伙有啥区别？团队我们说它是一个

有组织性的团体，而团伙有时候可能是人数的堆积，但是内部不知道如何分工，大家都是有什么事干什么事，缺乏章法。与团队对比的话，团伙缺乏一定的条理性，内部分工和授权体系上与团队有较大差距。

1.6　成熟阶段——矩阵型（4—7人）

上市公司横向扩张之后，企业又进入了新的发展阶段，它逐渐成熟了，会形成一个矩阵型的董秘组织，工作的范围在上述的工作基础上，增加了公共关系的维护。因为一个好的上市公司或者是一个受人关注的上市公司，除了在资本市场上投资者关系的维护之外，我们的受关注度也相应变高，这个时候媒体以及各监管机构对我们的关注也会提升，董秘的公共关系管理工作也就开始加强，需要对舆情进行监控，注意重大事项的舆情监控和进行有的放矢的公关维护。

除了工作类别的增多，往往此时的董秘团队也进行了内部的分工，形成了由证券事务代表为主管的信披合规团队和由投资者关系负责人为主管的投资者关系及公共关系管理团队，构建了管理的矩阵，随着分工的引入形成了董秘—主管—专员的三层架构，人员也扩张到4—7人。

1.7　集团化/国际化阶段——自组织型（7人+）

在发展到成熟阶段之后，有些企业会进行下一步发展，进入集团化和国际化阶段。这时大型企业开始考虑分拆上市，在境外进行募资，或者海外并购的跨境资本运作。此时董秘组织进化成自组织型，工作内容增加了资本市场协同的工作，匹配跨市场、跨领域运作。刚才所说要做分拆上市、跨市场融资，比如说在香港市场发境外美元债、在境外证券市场发行GDR等工作，以及子公司的一些资本运作项目，都需要我们介入进行协调。

这个时候我们的团队就形成了自组织的形态，团队当中有七八名成员，其中有两三名成员的专业资历较深，并且管理能力相对较强，他们会根据不同的工作属性和个人特长在团队当中选取人员来成立项目小组，不同的项目有不同的负责人搭建不同小组来管理，一专多能、互相督促的小组又推动了整个团队能力的提升。

2. 不同规模公司的董秘团队配置

我们在研究怎么搭建董秘团队的时候，相信第一步想的就是需要多少个人的配制。董秘团队的人数配置的情况如图 2-1 所示。

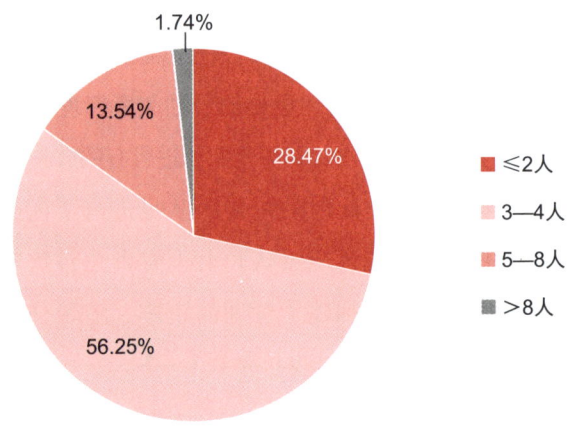

图 2-1 董秘团队人员数量分布

数据来源：《A 股上市公司董秘团队工作白皮书》。

董秘团队人数在 3—4 人的上市公司占比相对是最大的，占到了近 60%，团队人员 2 人及以下的上市公司也占到 28.47%，另外有 13.54% 的董秘团队人员在 5—8 人之间，1.74% 的董办有 8 人以上。人员数量分布的逻辑是什么？我忍不住做了个关于上市公司数据的分析。

如图 2-2 所示，通过对上市公司市值统计分析，我们发现，董秘团队人数与市值之间存在线性关系：组织的人数配置，与公司的市值和营业收入成正比。小于 30 亿元市值的小市值公司占到了 25.79%，与 2 人及以下的董秘团队占比基本相当，市值在 30 亿—200 亿元之间的中等市值公司占比 59.25%，与 3—4 人的董秘团队接近 60% 的占比相对应，200 元—1500 亿元的高市值公司占比为 13.48%，与 5—8 人的董秘团队占比基本匹配，1500 亿

2. 不同规模公司的董秘团队配置

元以上的超高市值公司占比 1.48%，同样，8 人以上的董秘团队的占比不足 2%。

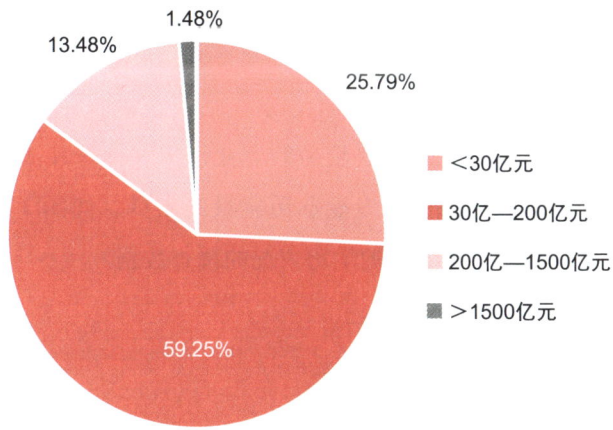

图 2-2　A 股上市公司市值占比

数据来源：易董平台—上市公司统计，按 2022 年 12 月 30 日收盘市值计算。

这些数据吻合的背后也带给我们一个启发，即我们在搭建董秘团队时，**人数的配置与公司的规模相匹配，也跟我们之前提到的公司发展阶段相对应，根据不同阶段所需要的不同职能模块，搭建起相对应的董秘团队**。

3. 董秘团队需要什么学历背景？

董秘职业的一个特点就是需要较高的专业知识和业务能力，在构建我们的董办团队时就要考虑招聘什么专业学历背景的人员。如图 3-1 和图 3-2 所示，我们横向看一下董秘团队的学历情况的调查数据。

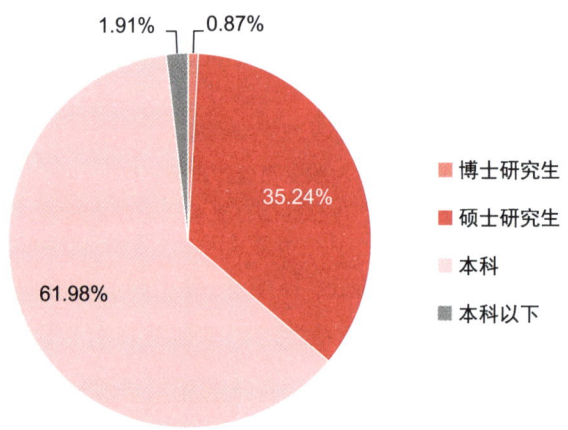

图 3-1 受访董秘从业者学历情况饼状分布图

数据来源：《A 股上市公司董秘团队工作白皮书》。

我们可以看到**董秘从业者的总体学历水平是相当高的，98% 以上的受访者都拥有本科以上的学历。其中，董秘群体中有接近 50% 获得硕士以上学位，与证代群体有接近 20% 的样本差**。一方面，董秘对工作能力要求更高，需要有高学历的支撑，另一方面，是由于晋升为董秘的从业者在认真踏实工作的同时，很多人选择 MBA、法律硕士、会计硕士、金融硕士等在职研究生的进修教育，提升自我。这给我们想在董秘行业精进的小伙伴们一个启发：在努力工作提升实务能力的同时，不要忘了通过系统学习提升自己的理论水平。教育是最好的投资，不仅仅是对孩子，也要对自己负责哦。

3. 董秘团队需要什么学历背景?

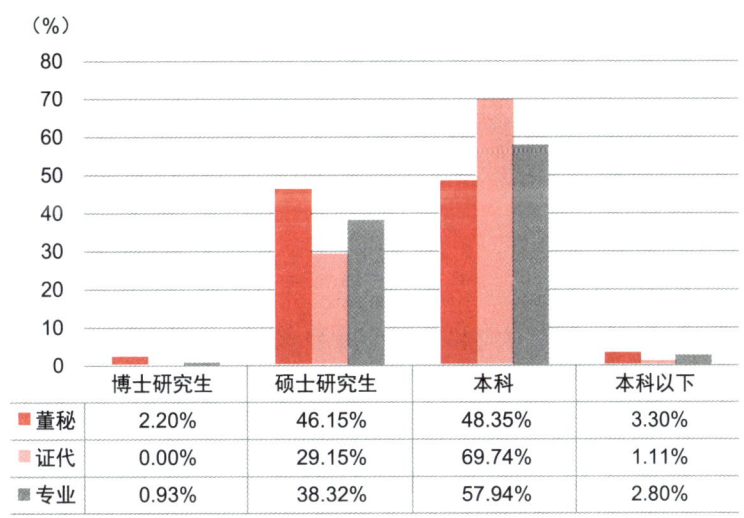

图 3-2　受访董秘从业者学历情况柱状分布图

数据来源:《A 股上市公司董秘团队工作白皮书》。

在新生代的董秘从业人员当中,也就是我们所说的"90 后",在进入董秘行业的就业市场之后,我们发现基本都是本科以上学历,硕士学历的占比也在增长,甚至出现了博士专员,这说明董秘团队的专业化程度以及学历水平越来越高。

4. 董秘团队需要什么专业背景？

从专业角度来看，2020版白皮书中董秘团队人员的专业背景情况（未限定学历专业背景，以工作方向和专业证书为参考，并为多选，突出了董秘职业这一复合型专业特点）如图4-1所示。

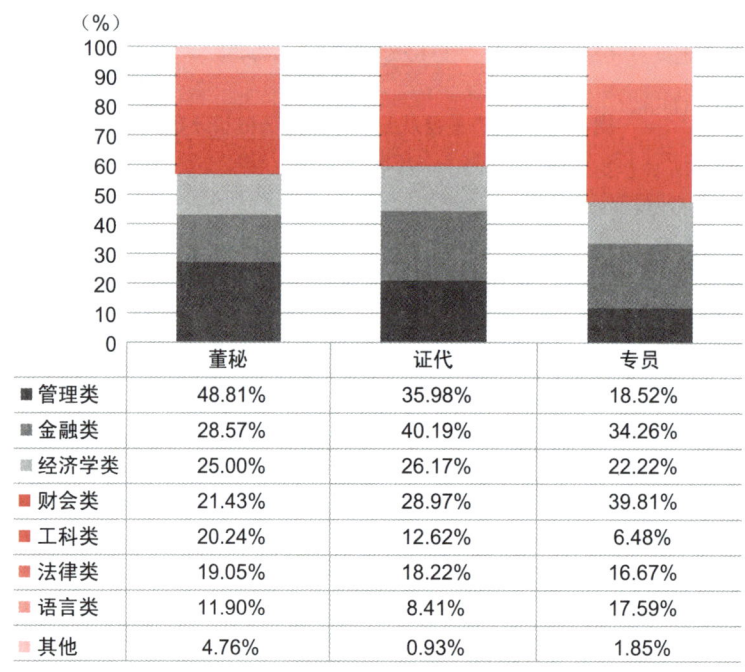

图4-1 受访董秘从业者专业背景情况

数据来源：《A股上市公司董秘团队工作白皮书》（2020）。

我们发现董秘主要集中在管理、金融、经济学、财会四类，占比都在20%以上。其中，管理类比例最高，达到了48%以上。**证代岗位的专业背景，占比较高的专业由高到低分别为金融、管理、财会、经济学，并且分布较为均衡。**董秘和证代的差异也体现在专业背景的分工上，在董秘的指导下证代主责信息披露、规范运作管理等事项，要求对金融行业理解深入，金融专业成为证代学位背景第一来源；而董秘的工作则更为宏观，要负责公司的资本运作、投资者关系维护甚至是经营管理等抽象工作，管理学学位背景处理起来更得心应手。

以专员为代表的新生代董办人的学术背景集中在财会、金融、经济学以及管理，财会达到了39%，金融在34%，占据了大半壁江山。印证了近几年来金融专业毕业生开始认可董秘这个工作，并选择进入这个行业。

如果简单将董秘、证代、专员划为三个的话，我们可以看到近年来高校热门专业的变化。董秘集中在"70后80初"，那时的热门专业是经济学；而到了证代集中的"80后90初"，彼时的热门专业是法学，本人就是这个热门专业毕业的；而到了专员的"95后"时代，金融成了最受欢迎的专业，例如我们部门的专员们都是金融专业，且海归占据了很高的比例。当然我们可以看到财会专业长期稳定的在董秘团队里占据一席之位，仿佛在说无论时代如何变，财会专业始终受关注，这也给我们的亲戚朋友家孩子选择学校专业时提供了一点思路。

如图4-2所示，2021年的数据显示：**受访董秘的三大主要专业为金融类（45.05%）、管理类（40.66%）以及财会类（32.97%），我们发现管理类依旧占比很高。**从工作分工方向上看，董秘与证代、专员的核心差异在于管理上；而从专业证书角度看，也表明董秘作为高级管理人员，在专业能力上对管理的能力、知识、经验要求更高，很多董秘在此时选择在各大商学院深造MBA、EMBA等管理类第二学历，以提升董秘在复合工作场景下的综合管理能力。报告还显示受访董秘中有60.44%获得两门及两门以上专业的学历或证书，让我们很多立志当董秘的小伙伴们也找到了方向——提升复合型知识技能，在做好本职的信披、合规、投资者关系等工作基础上，不要忘了提升抽象的管理技能和战略思维能力。

受访证代的三大主要专业为金融类（49.45%）、财会类（36.53%）以及管理类（25.09%），与2020年相比，金融类、财会类的占比普遍提升，与董秘最大的差异在于管理类的占比明显下降。董秘团队的基础仍然是以专

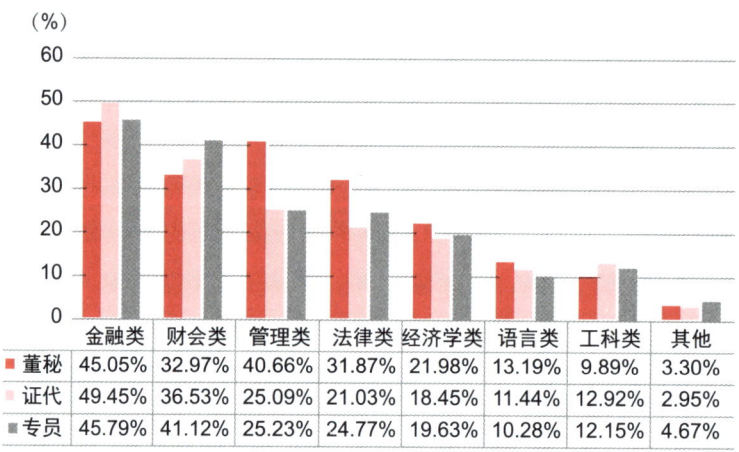

图4-2 2021年受访董秘从业者专业背景情况

数据来源：《A股上市公司董秘团队工作白皮书》(2021)。

业化立身，从分工上要有专业性人才做好基础性工作，由董秘做好统筹和提升工作。

专员、证代、董秘如同三级阶梯，
如何跃升龙门是从业者共同关注和努力的方向

4. 董秘团队需要什么专业背景？

受访专员的三大主要专业为金融类（45.79%）、财会类（41.12%）以及管理类（25.23%）。很多专员们也在为了自己晋升证代而做着各种准备，提升管理能力，丰富战略知识储备。

从董秘、证代、专员的专业变化上，我们仿佛摸到了**董秘职业发展路径**：从专业入手，以财务、金融、法律等专业背景作为入行的敲门砖，在摸清董秘专业条线工作，强化了工作经验后，以管理能力提升为晋升的阶梯，来完善提升自我。

5. 董秘从业者薪酬情况大起底

现在进入一个比较敏感的话题——薪酬待遇。**特别声明：文中的所有数据仅代表客观情况，不代表作者态度。** A 股上市公司董事会秘书薪资数据分析如表 5-1 所示。

表 5-1　2021 年年报 A 股各上市公司董事会秘书薪资数据分析表

2021 年 A 股上市公司董事会秘书薪资数据分析表					
平均值	10 分位	25 分位	中位值	75 分位	90 分位
74.83	25.00	38.40	59.10	88.33	135.99

数据来源：Choice，易董整理。

在董秘从业者的金字塔中，董事会秘书的薪酬待遇在顶端，无疑是一个高薪的岗位。本人根据各上市公司的年报统计（剔除未披露董秘薪酬和薪酬为 0 的数据，统计的公司总数量为 4591 家），2021 年上市公司董秘平均薪酬为 74.83 万元，较上一年度的 71 万元有所提升。当然这里面包含了年薪过 500 万的明星董秘 15 人，年薪过 300 万的王者董秘 54 人，年薪过 100 万的金牌董秘 906 人，百万年薪的董秘占董秘总人数的 19.73%，我们可以看出其实董秘的薪酬分布也是差异非常大的。

作为整体研究，中位数以及各分位值的分布情况如下：2021 年度上市公司董秘薪酬的中位数为 59.10 万元，与平均数差异较大，表明董秘收入差距较大。此时中位数作为排名的中间数更具备参考价值，即上市公司招聘董秘或者新晋升董秘的起步薪酬应在中位数上下浮动；另一个关注的指标是 75 分位值，也就是超过行业 75% 以上的水平的薪资，大概在 88.33 万元，也就是跳槽或者谋求加薪的董秘在争取薪酬可以参考这个数值；另外值得关注的是 25 分位值，大概在 38.40 万元，用人单位对董秘的薪酬低于这个分值时就该非常小心人员跳槽的情况了，毕竟市场上75%的上市公司给董秘开出的薪酬都高于这个数值，很容易被别人挖走自家苦心培养的人才。

A股上市公司2021年董事会秘书薪酬分布如图5–1所示。

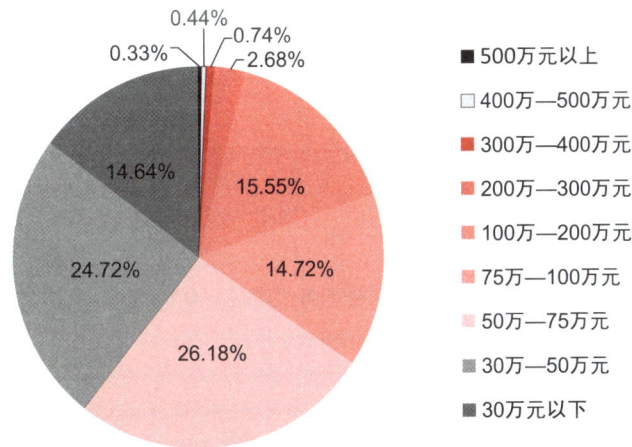

图5–1　A股上市公司2021年董事会秘书薪酬分布

数据来源：Choice，易董整理。

从董秘年薪分布情况的分析来看，收入的分布显然是个金字塔结构，50万元的年薪对于三成的董秘来说是一道龙门关，而收入分布最多的是50万—75万元（占比26.18%）和30万—50万元（占比约24.72%）两个区间，这也代表了行业的普遍薪资水平。我们在关注百万年薪董秘的同时，也许更应该为这个金字塔塔基的人们发声，倾听他们的诉求，了解他们的状态，不再让沉默的大多数沉没，为大部分董秘提质增效给与支持和帮助，争取让百万以上的董秘占比越来越高。

关注完董秘，我们再来看一下董秘团队其他角色的薪酬，证代薪酬分布情况和专员薪酬分布情况分别如图5–2和图5–3所示。

根据576份受访董秘团队的问卷反馈，受访证券事务代表的年薪普遍在15万—25万元，占比接近46%，有1%的受访证代年薪在50万元以上，这些证代一般为大型上市公司董办主任或资深行业专家。证代中年薪在25万元以上的，华东、华南地区占比在40%左右，华北、西南地区占比20%左右，

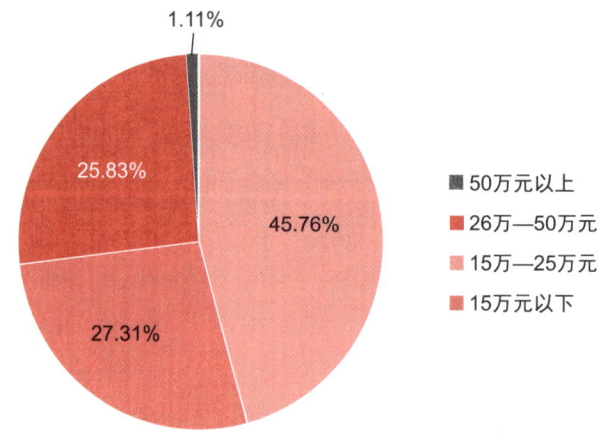

图 5-2 受访证券事务代表薪酬分布情况

数据来源：《A 股上市公司董秘团队工作白皮书》。

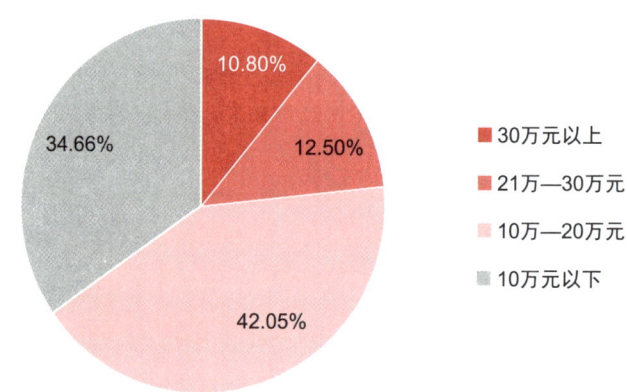

图 5-3 受访证券事务专员薪酬分布情况

数据来源：《A 股上市公司董秘团队工作白皮书》。

华中、东北、西北占比更低一些，表明证代除了所在行业导致的薪酬差距外，地区也是一个很重要的因素。

约 77% 的受访证券事务专员年薪分布在 20 万元以下这个区间，23% 的受访证券事务专员年薪达到 20 万元以上，该部分高薪专员有高达 90% 的人员学历为硕士研究生，印证了我们在前面分析中提到的：教育是最有效的投资。因此，从业人员在熟悉业务的同时也不能忘记提升自己的理论知识水平。

与整个社会的平均薪酬水平相比，董秘从业人员的薪酬水平到底如何？

5. 董秘从业者薪酬情况大起底

各主要城市 2022 年第三季度平均薪酬调查情况如表 5-2 所示，2020 年全国主要城市月工资收入调查情况如图 5-4 所示。

表 5-2　　2022 年第三季度各主要城市平均薪酬调查情况

排名	城市	平均薪酬（元）	排名	城市	平均薪酬（元）
1	北京	13442	20	福州	9382
2	上海	13408	21	济南	9225
3	深圳	12734	22	西安	9158
4	杭州	11602	23	青岛	9062
5	广州	10993	24	海口	8993
6	南京	10935	25	南昌	8883
7	珠海	10834	26	天津	8837
8	苏州	10684	27	郑州	8726
9	宁波	10421	28	南宁	8678
10	东莞	10150	29	贵阳	8490
11	厦门	10112	30	昆明	8255
12	无锡	10048	31	兰州	8160
13	武汉	9914	32	大连	8059
14	成都	9831	33	石家庄	7969
15	佛山	9771	34	烟台	7795
16	合肥	9667	35	太原	7686
17	长沙	9556	36	长春	7499
18	重庆	9498	37	沈阳	7400
19	乌鲁木齐	9466	38	哈尔滨	7226

统计规则：基于智联招聘 2022 年在线招聘数据库的数据监测统计分析。

数据来源：智联招聘。

我们先看一下智联招聘发布的 2022 年第三季度各主要城市的平均薪酬，北上广深等一线城市的平均薪资都在万元以上，但仿佛离我们想象的高收入还是差不少。

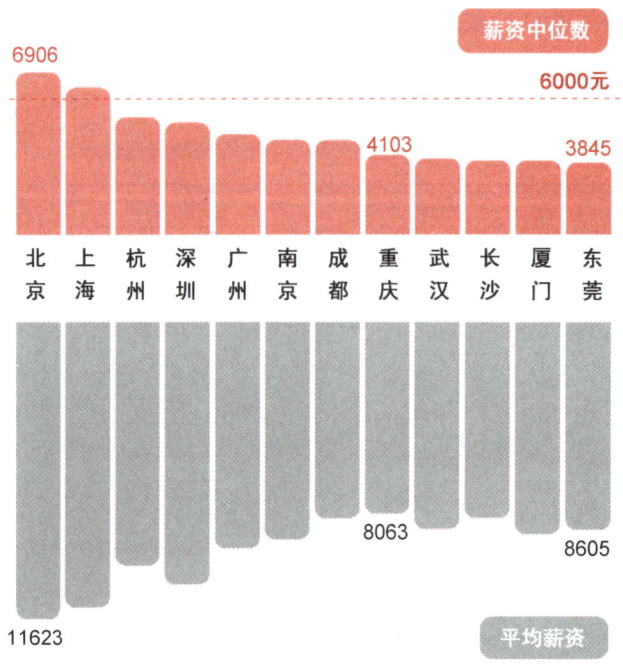

图 5-4　2020 年全国主要城市平均月工资收入调查情况

数据来源：新浪财经；智联招聘。

再看中位数与平均薪酬的对比，近两年各城市工资中位数没有公布数据，但我们可以以 2020 年的数据作为参照。在 2020 年全国主要城市的平均月工资收入分布中，北上广深等一线城市的平均月工资高于其他城市，各城市平均值与中位数差距较大，表明社会收入差距变大。中位数能客观体现实际收入状况，在全国平均月收入最高城市是北京，月工资平均数达到了 11623 元，但其中位数为 6900 元，中低层收入与高收入出现了断层。这一现象在其他城市更为明显，中位数仅为平均数的一半左右。下面以深圳为例，其 2021 年整体工资分位值统计如表 5-3 所示。

为了更直观，我们拿深圳的工资分位值进行系统分析，当工资达到 7000 元时就达到了前 50% 的水平，当达到 10000 元时便达到了超过了 75% 打工人的收入的水平，而达到 12000 元时便是那少数的 10%。

表 5-3　　　　　深圳市 2021 年整体工资分位值统计

深圳市 2021 年整体工资（税前月薪）分位值				
10 分位	25 分位	50 分位	75 分位	90 分位
5000 元	6000 元	7000 元	10000 元	12000 元

数据来源：薪酬网。

最后我们再从职业和岗位划分角度看一下薪酬状况（见表 5-4 和表 5-5）。

表 5-4　　　分职业中类企业从业人员工资价位（2021 年）　　　单位：万元/年

序号	职业中类名称	分位值				
		10%	25%	50%	75%	90%
1	企事业单位负责人	4.13	5.70	8.80	15.58	27.96
2	工程技术人员	3.74	4.91	7.10	10.87	16.92
3	农业技术人员	2.64	3.45	4.94	7.00	10.00
4	卫生专业技术人员	3.07	3.99	5.71	8.41	12.54
5	经济和金融专业人员	3.77	4.92	7.20	11.64	18.82
6	教学人员*	2.68	3.52	4.92	7.20	11.47
7	文学艺术、体育专业人员	3.30	4.35	6.32	10.34	16.70
8	新闻出版、文化专业人员	3.77	5.02	6.99	10.64	16.73
9	其他专业技术人员	3.66	4.96	7.38	11.04	16.18
10	办事人员	3.36	4.32	6.00	9.00	14.04
11	安全和消防人员	2.85	3.66	4.84	6.71	9.25
12	其他办事人员和有关人员	3.36	4.55	6.40	9.68	15.53
13	批发与零售服务人员	2.88	3.69	4.99	7.39	11.15
14	交通运输、仓储和邮政业服务人员	3.23	4.20	5.68	7.96	10.89
15	住宿和餐饮服务人员	2.75	3.41	4.41	5.99	7.98
16	信息传输、软件和信息技术服务人员	3.79	5.22	8.11	12.57	19.73
17	金融服务人员	5.01	7.53	11.34	16.80	25.00
18	房地产服务人员	2.86	3.60	4.80	6.75	9.76
19	租赁和商务服务人员	2.52	3.23	4.32	6.00	8.49
20	技术辅助服务人员	3.29	4.23	5.75	8.17	11.69
21	水利、环境和公共设施管理服务人员	2.29	2.76	3.64	4.98	6.66
22	居民服务人员	2.52	3.27	4.28	5.74	7.87

续表

序号	职业中类名称	分位值				
		10%	25%	50%	75%	90%
23	电力、燃气及水供应服务人员	3.30	4.54	6.84	10.07	13.77
24	修理及制作服务人员	3.44	4.46	6.14	8.47	11.17
25	文化、体育和娱乐服务人员	2.70	3.48	4.65	6.39	10.18
26	健康服务人员	2.64	3.52	4.70	6.44	8.99
27	农业生产人员	2.19	2.80	3.60	4.80	6.00
28	林业生产人员	2.26	3.00	4.16	5.03	6.35
29	畜牧业生产人员	2.74	3.52	4.44	5.91	7.53
30	农、林、牧、渔业生产辅助人员	2.31	3.00	4.20	5.64	7.39
31	其他农、林、牧、渔业生产加工人员	2.40	3.39	4.20	5.34	7.22
32	农副产品加工人员	3.00	3.66	4.70	6.10	7.87
33	食品、饮料生产加工人员	3.13	4.05	5.36	7.45	10.51
34	纺织、针织、印染人员	3.27	4.07	5.15	6.47	8.00
35	纺织品、服装和皮革、毛皮制品加工制作人员	3.16	3.88	4.90	6.15	7.67
36	木材加工、家具与木制品制作人员	3.03	3.80	4.96	6.54	8.08
37	纸及纸制品生产加工人员	3.27	4.20	5.41	7.10	9.67
38	印刷和记录媒介复制人员	3.55	4.45	5.90	8.00	10.59
39	文教、工美、体育和娱乐用品制作人员	3.24	4.13	5.20	6.51	8.53
40	石油加工和炼焦、煤化工生产人员	3.48	4.60	6.34	9.26	13.06
41	化学原料和化学制品制造人员	3.55	4.49	5.96	8.04	10.57
42	医药制造人员	3.17	4.00	5.37	7.14	9.38
43	化学纤维制造人员	3.66	4.81	6.45	8.03	9.53
44	橡胶和塑料制品制造人员	3.80	4.67	5.76	7.23	8.80
45	非金属矿物制品制造人员	3.20	4.00	5.06	6.60	8.62
46	采矿人员	2.93	4.52	6.13	9.36	12.88
47	金属冶炼和压延加工人员	3.81	4.92	6.32	8.49	10.69
48	机械制造基础加工人员	3.70	4.80	6.33	8.38	10.68
49	金属制品制造人员	3.84	4.76	6.13	7.86	9.66
50	通用设备制造人员	3.80	4.84	6.13	8.08	10.54
51	专用设备制造人员	3.60	4.50	6.09	8.33	11.95
52	汽车制造人员	3.72	4.80	6.41	8.74	11.49
53	铁路、船舶、航空设备制造人员	3.65	4.58	6.97	10.45	14.50

续表

序号	职业中类名称	分位值				
		10%	25%	50%	75%	90%
54	电气机械和器材制造人员	3.50	4.33	5.75	7.41	9.42
55	计算机、通信和其他电子设备制造人员	4.09	5.06	6.43	7.91	9.69
56	仪器仪表制造人员	3.46	4.01	5.38	7.18	9.20
57	电力、热力、气体、水生产和输配人员	3.60	4.73	6.68	10.48	14.94
58	建筑施工人员	3.36	4.26	5.65	7.50	9.95
59	运输设备和通用工程机械操作人员及有关人员	4.02	5.25	6.80	9.50	13.00
60	生产辅助人员	3.20	4.14	5.50	7.45	10.00
61	其他生产制造及有关人员	3.09	3.96	5.29	6.95	9.04

* 本调查所称"教学人员"是指在企业中从事各级各类教育工作的专业人员。

数据来源：2021年企业薪酬调查信息（人力资源和社会保障部官网）。

表5-5　　　分岗位等级企业从业人员工资价位（2021年）　　　单位：万元/年

岗位等级		分位值				
		10%	25%	50%	75%	90%
管理类	高层管理岗	4.86	6.80	11.50	21.84	40.90
	中层管理岗	4.24	5.84	8.80	15.09	25.60
	基层管理岗	3.68	4.96	7.20	11.96	20.00
	管理类员工岗	3.26	4.21	5.92	8.83	13.87
技术类	高级职称	4.52	6.60	10.84	18.72	29.88
	中级职称	4.00	5.40	8.06	13.00	19.98
	初级职称	3.60	4.62	6.36	9.52	14.15
技能类	高级技能及以上	3.82	5.39	7.79	11.12	15.62
	中级技能	3.60	4.77	6.60	9.50	13.47
	初级技能	3.05	3.96	5.35	7.56	10.48

数据来源：2021年企业薪酬调查信息（人力资源和社会保障部官网）。

人社部发布的《2021年企业薪酬调查信息》中以不同岗位和不同职务等级为要素，分类统计了工资价位。所谓工资价位，是指企业从业人员在报告期内的工资水平，包括基本工资、奖金、津贴和补贴、加班加点工资和特殊情况下支付的工资等，它在一定程度上体现了劳动力市场价格水平。我们依旧以中位数为主要参考依据，可以发现企事业单位负责人的年薪中位数在8.80万元，高层管理岗位人员的年薪中位数在11.50万元，董办或证券部所属的经济和金融专业人员年薪中位数在7.20万元左右，在一定程度上反映了企业高管和董办为代表的经济金融专业人员的薪酬现状，当然各地区也有比较大的差异；再从高层管理岗位的90分位薪酬40.90万元来看，作为高管的董秘薪酬中位数为59.10万元，可见董秘在高层管理岗位中的薪酬也算是较为领先的。

这些数据也许会让人感到震惊，很多朋友一定会提出认识的高管或一线城市的朋友仿佛都是年入百万、开豪车、住豪宅，怎么可能就这点收入呢？其实这得益于近两年互联网信息精准推送进一步放大了曝光效应。互联网的特点与收入分布一样，越是发达地区互联网普及率越高，生产内容的自媒体博主往往又有较高的学历，自然也有较高的收入，对于发达地区和较高收入者的资讯信息聚集度也越高，所以我们通常看到讨论的都是北上广深一线城市以及行业翘楚的事情，这里汇集了全国最多的资源，就给人造成了一种错觉，好像高收入者非常多。再加之大数据分析发现我们关注这些话题后，会进一步推送相关信息，所以我们抖音里推送的可能都是开豪车的长腿名媛和晒名表的时尚博主。今日头条的讯息更新时也是房子汽车的资讯，而让我们忽略了我们真实的社会情况。在我们国家，有6亿人月收入在1000元以下，10亿人没有坐过飞机，5亿人没有用过马桶，91%的人没上过大学，96%的人没有本科学历……

欣慰的是我们可以看到大部分的董办基层岗位人员的薪酬是远超中位数水平，甚至超越社会薪酬的平均水平，属于相对高薪的职业范畴。虽然其起步薪酬离传统的金融、软件等行业客观存在较大差距，但是随着职业发展，从专员向证代再向董秘的晋级之后，薪酬是逐渐水涨船高的过程。当然，所有人都希望自己的薪酬再高一些，那我们有哪些手段来合理提升自己的收入呢？通过哪些方式可以提升公司对我们的价值认可呢？

6. 董秘从业者如何合理争取薪酬？

先从自己的一个亲身经历说起，我所在的公司2018年启动了每年滚动推出的激励方案，我作为项目组的主要负责人向公司首席运营官和主管人力副总裁就方案执行情况进行汇报。在汇报完成后，首席运营官提到目前股权激励的员工覆盖率不到5%，很多他认为表现不错的干部没有获得激励，提议股权激励的覆盖面要进一步的扩大，并且在现场开展调查，一一询问参加汇报人员中有谁拿到了激励份额。在轮到我时领导直接把我跳过了，结果确实现场的同事大部分没有获取股权激励份额，我就很不好意思举个手，跟领导说我是激励对象。领导白了我一眼，说了一句："废话，你再没有，谁给他们推这个项目呀！"这背后蕴藏着的逻辑就是我们董秘从业者在股权激励项目中，作为项目的主导者可以近水楼台先得月，通过股权激励这个方式在固定薪酬的基础上提升自己的薪资水平。

根据易董股权激励案例库数据，自2006年1月1日至2022年12月31日，共有2834家A股上市公司实施过股权激励，占2022年12月31日A股上市公司总数的55.93%，其中，1315家上市公司实施过多次股权激励计划，占A股上市公司总数的25.95%。受访董办人员近两年参与资本运作项目情况如图6-1所示。

通过图6-2中的调查数据我们可以发现，40%以上的受访董办人员在近两年均参与过"股权激励"项目，在资本运作类别当中排名第一。随着《中央企业控股上市公司实施股权激励工作指引》正式印发，股权激励国企改革有望加速；2019年科创板及创业板股权激励新规，推出第二类限制性股票，扩大激励对象范围，提高激励比例上限，增加激励价格灵活性，进一步推动了股权激励的发展。未来两年股权激励覆盖面预计更广，案例数量也将有明显的提升。受访董办人员持有公司股票或股权激励份额情况如图6-2所示。

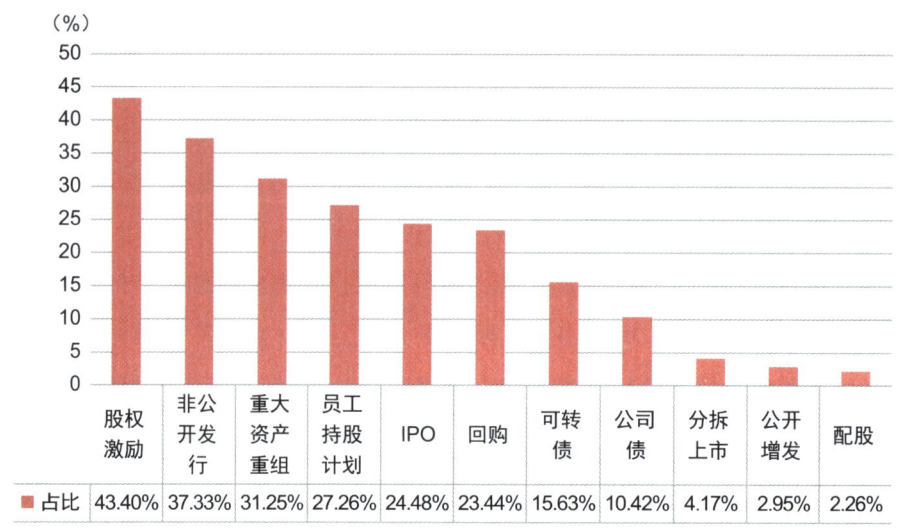

图 6-1　受访董办人员近两年参与资本运作项目情况

数据来源：《A股上市公司董秘团队工作白皮书》。

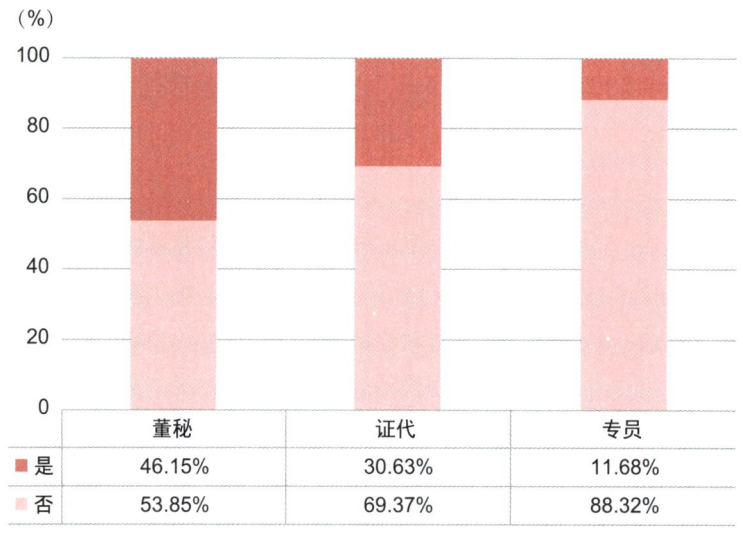

图 6-2　受访董办人员持有公司股票或股权激励份额情况

数据来源：《A股上市公司董秘团队工作白皮书》。

股权激励是最常见的资本运作方式之一，而作为董秘从业者的我们又是股权激励方案从论证、设计、审议再到管理、实施、考核、解禁等全流程推进的主要管理者。46.15%受访董秘持有公司股票或股权激励份额，受访证代和专员也分别有30.63%和11.68%的人员表示持有公司股票或股权激励份额。依据《A股上市公司股权激励统计与分析报告》显示激励对象人数占上市公司总人数的比重平均在7.77%左右，其25分位值在1.13%左右、50分位值在3.48%左右、75分位值在9.85%左右。该年度的股权激励计划在企业员工覆盖率方面比往年有所降低，而对于董办人员的覆盖率是远高于平均比重，也超越了75分位的比重，正如我的亲身经历一样，近水楼台先得月的我们更容易获得激励份额。

董秘从业者所持公司股票数较公司同级员工水平情况如图6-3所示。在股权激励的获分配额度上，董秘作为公司高管自然额度相对较高，33.33%受访董秘所持股数较公司同级员工处较高水平，大部分董秘从业者属持平水平，股权激励作为较为频繁、操作难度适中的资本运作类别，董秘可以更多的给证代和专员机会去主导管理，以此为他们争取更多的激励额度。

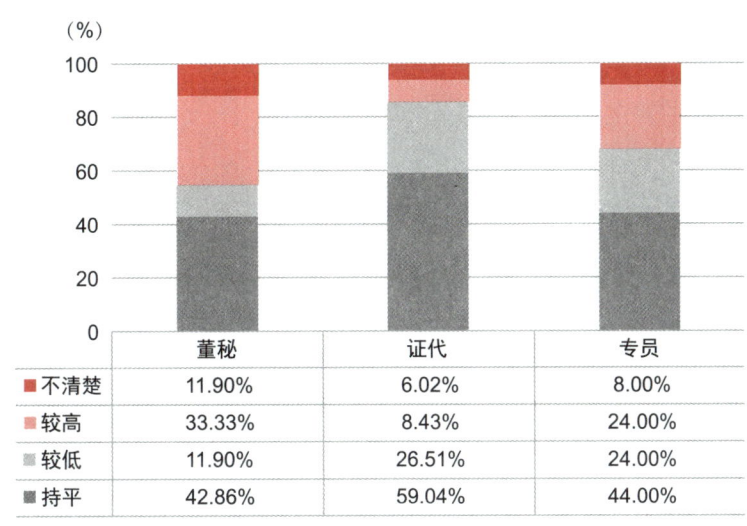

图6-3 董秘从业者所持公司股票数较公司同级员工水平情况

数据来源：《A股上市公司董秘团队工作白皮书》。

当然，董秘从业者除了通过股权激励争取薪酬，还可以争取参与公司投资、并购项目的跟投机会，或者在公司IPO、定增时通过持股平台获取投资机会。这样的话，收入也会有一个比较好的上升曲线，但相对股权激励而言，这样的机会是可遇而不可求的。

薪酬永远是个极其敏感而又备受关注的话题，作为一个长期主义者，我个人还是希望董办打工人们多归因于内，从供给方不断强化自己，掌握更多思维模型和管理工具，提升认知和解决方案能力，以此从根本上提升自我的价值。而不是一叶障目而不见泰山，总是紧盯眼前的现状，成为查理·芒格所说的手里拿着锤子看谁都是钉子的工具人。如何基于现状做好更长远的规划也是我们后面要讲的内容，我们会进一步展开描述。

7. 董秘啊，你从哪里来？

据我本人在行业中的观察和走访，结合媒体报道，我们简单地对董事会秘书的任命来源进行了如下分类。

一是财总兼。这一任命来源在拟上市阶段的公司最为集中，因为在IPO阶段证监会、交易所等发行审核机构以关注财务为主、法务为辅，尤其是在拟上市的过程中需要财务总监作为企业方面的代表人与中介机构做大量的协调与配合工作。在公司内部，财务总监以财务管理为纽带，收集上市所需的财务数据、业务资料，统筹安排技术、供应商、客户访谈等，因此，由财总兼任董秘是一个较为便捷的过程。

二是证代提。沪、深交易所的主板《股票上市规则》《深交所创业板股票上市规则》《上交所科创板股票上市规则》均对证券事务代表的法律地位予以规定："上市公司在聘任董事会秘书的同时，还应当聘任证券事务代表，协助董事会秘书履行职责。在董事会秘书不能履行职责时，由证券事务代表行使其权利并履行其职责。"这种规定类似于公司法对董事长和副董事长的界定，可以理解为证代实际上就是一个副董秘。虽然更多时候证代更像是董秘的"小跟班"，但是随着从业经验的丰富以及信披、资本运作和投关能力的提升，慢慢受到认可，在原董秘高升或者离职后，提拔证代当做董秘也是水到渠成的事情，有种"多年媳妇熬成婆"的感觉。这种情况常见于上市多年的公司中，相信随着资本市场的发展，这类董秘以后会越来越多。

三是内部调。由公司的法务总监、行政总监、分管行政的副总经理、办公室主任等行政类职务转职为董秘，其共同点是企业行政管理高层，熟悉企业整体运作。董秘本身就是复合型、交叉学科的工作，由他们做董秘的工作也可以撑起一片天。这类情况在资本市场早期刚开始形成董秘这一职业团体时比较常见，随着近几年董事会办公室、证券事务部等专业部门在企业IPO

期间便开始设立，董秘职业化程度越来越高，这种跨界情况比较少了。

四是中介抓。 在公司 IPO 及上市公司日常的信息披露、投资者交流、资本运作当中，上市公司的领导高管们会接触到很多类别的中介机构。在内部视角暂时无法突破时，因中介机构专业性强且相关经验丰富，领导高管们相信外来的和尚好念经，就从中介挖来合适的人担任公司董秘。根据公司的具体诉求不同，又可以分为如下几种类别：以保荐代表人、项目协办人等资深投行人员为代表的投融资并购型，以证券业务经验的会计师、律师等中介机构专业人员为代表的合规治理型，以买方或卖方分析师、投资机构投资经理等为代表的投资者关系型，以媒体、行业协会等专业公关人士转行而来的公共关系型。

五是别人家。 在公司 IPO 阶段，有过企业上市经验甚至运作过多个企业上市的"别人家的董秘"，作为有 IPO 光环和成功经历的专业人士，往往也会引起拟上市公司高领导高管们的青睐，通过专业的力量来推动公司 IPO 进程。当然也有在业内干得不错，被猎头猎挖或者老板定向挖角的精英董秘。

《A 股上市公司董秘团队工作白皮书》当中，对董办团队的工作年限情况做了一系列的调查，如图 7-1 所示，我们看一下有哪些值得我们关注的。

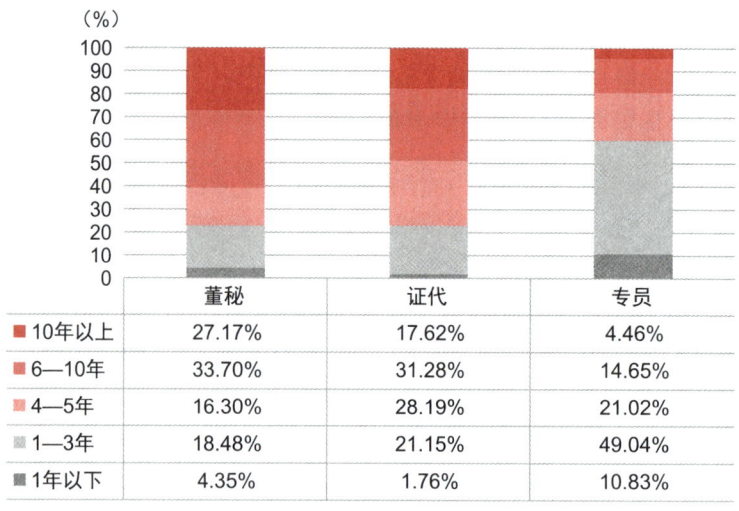

图 7-1 受访董办人员在董办的工作年限情况

数据来源：《A 股上市公司董秘团队工作白皮书》。

我们对董办人员在董秘组织工作年限的现状做一个研究，可以发现董事

7. 董秘啊，你从哪里来？

会秘书在董办的工作年限大都在 6 年以上。这说明什么？如前所述，前些年流行趋势是上市公司老板相信外来的和尚好念经，喜欢从律所、投行、投资公司、券商研究所等中介机构、投资机构聘请董秘，但通过最新的调查我们发现，有 3 年以上董办工作经验的董秘基本上占到了八成，3 年以下董办工作经验的董秘仅有两成，从外围机构直接跳到上市公司担任董秘的空间越来越小。随着《证券法》的修改，强化了以信息披露为核心的上市公司监管力度，对有系统董办工作经验，熟知上市公司法规、业务、价值逻辑的职业化董秘的诉求越来越多，也有更多的公司从兼职董秘转变为专职董秘的路线。

具体对比一下专员、证代、董秘的从业年限，接近 50% 的专员分布在 1—3 年的董办工作年限上，接近 60% 的证代集中在 4—10 年的董办工作年限内，而 60% 的董秘有 6 年以上的董办工作年限。

再看一下受访董秘、证代在前一份岗位上的工作年限数据，如图 7-2 所示，接近 65% 的董秘在上一岗位工作年限在 6 年以上，而 68% 以上的证代在上一岗位的工作年限在 1—5 年之间。

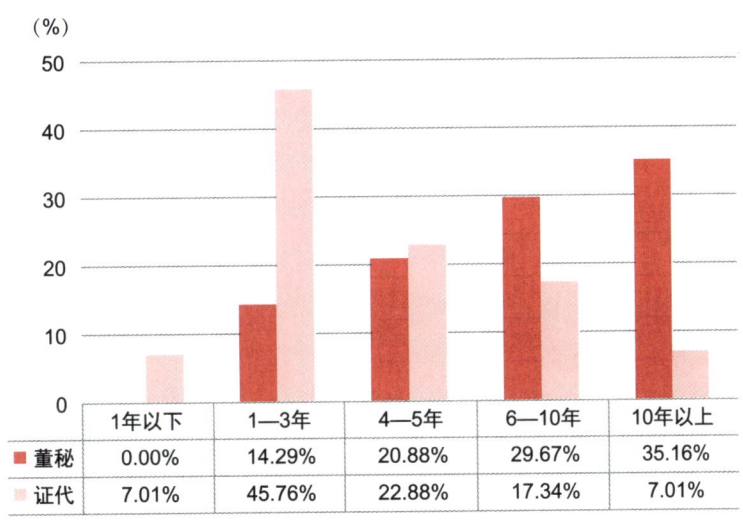

图 7-2　受访董秘、证代在前一份岗位上的工作年限

数据来源：《A 股上市公司董秘团队工作白皮书》。

结合两项的调查数据汇总，董秘岗位的基本成长规律为：专员基本上 3—5

年升级为证代，有 6—10 年董办工作经验的证代有机会晋升为董秘。当然这只是调查结果反映出来的一般规律，实际情况可能会有一些不同。

受访董秘从业者在现有岗位的调查情况如图 7-3 所示，董秘在目前岗位的工作年限情况调查中，35%受访董秘担任董秘的时间在 1—3 年，20%左右担任董秘的时间在 4—5 年，这两个区间人数最多，而董秘担任 6 年以上和 1 年以下的数量就相对少了很多。其原因可能是董秘这个岗位的流动性相对较高，在担任董秘 3 年左右往往做出了一番成绩，也积累了相关人脉和经验，到了跳槽的高发期，会被别的公司挖走或者转行投资等新的业务。

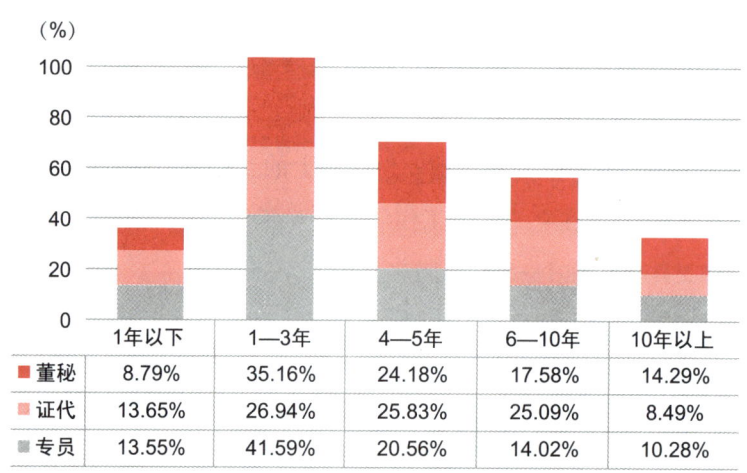

图 7-3　受访董办人员在目前岗位的工作年限情况

数据来源：《A 股上市公司董秘团队工作白皮书》。

受访证代担任目前岗位的时间主要平均分布在 1—3 年、4—5 年和 6—10 年区间内，占比都在 25%上下；受访专员在目前岗位的工作年限则多为 1—3 年，占比 40%以上，在 4—5 年和 6—10 年这两个区间也分别占比 20%左右。表明专员、证代一旦以职业董秘这一岗位作为目标后，愿意坚守董秘从业者这条职业发展路径，并为之付出更多的努力。可谓"咬定青山不放松，脚踏实地加油干！"

董秘从哪里来，相信大家都有属于自己内心的答案，那董秘从业者未来又要到哪里去呢？后董秘时代还有哪些发展路径呢？

8. 董秘啊，你要到哪里去？

前文我们分析了董秘从业者从哪里来，以及专员—证代—董秘的大概发展路径和规律，现在我们看一下**后董秘时代的发展路径如何**。

关于董秘、证代、专员希望的职业发展方向的调查数据分别如图8-1、图8-2和图8-3所示。

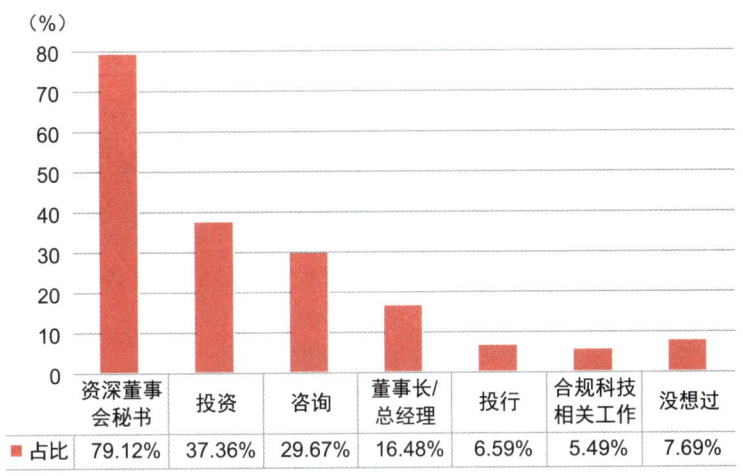

图8-1 受访董秘希望的职业发展方向（多选）

数据来源：《A股上市公司董秘团队工作白皮书》。

作为一个董秘从业者，我还是非常开心看到79.12%的受访董秘选择的职业发展方向是成为"资深董事会秘书"。这个行业的社会认可度和自我认可度目前来说是越来越高，与董秘的投融资管理直接相关的投资行业以及咨询行业占比也达到了37.36%和29.67%。将自我发展融入到企业发展向董事长或总经理等职业经理人发展的路线上也有近两成的占比。

受访证代和专员在职业发展方向上非常集中，83.76%的证代的职业发展方向为董秘，受访专员中48.60%选择了证代方向、57.94%选择了董秘方

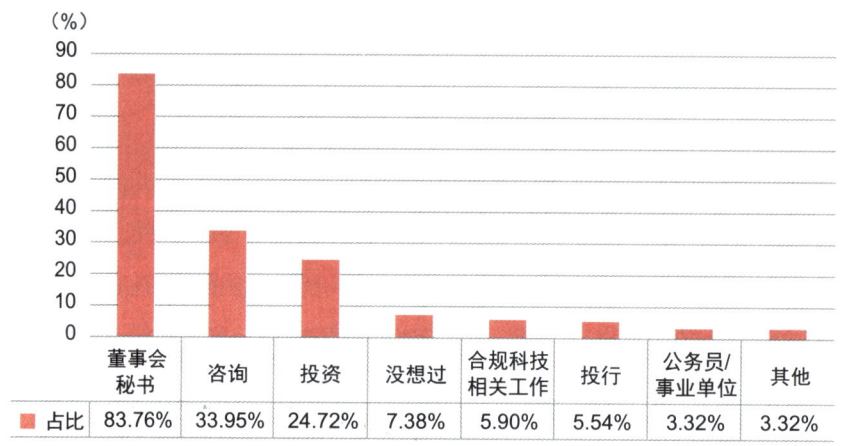

图 8-2 受访证代希望的职业发展方向（多选）

数据来源：《A 股上市公司董秘团队工作白皮书》。

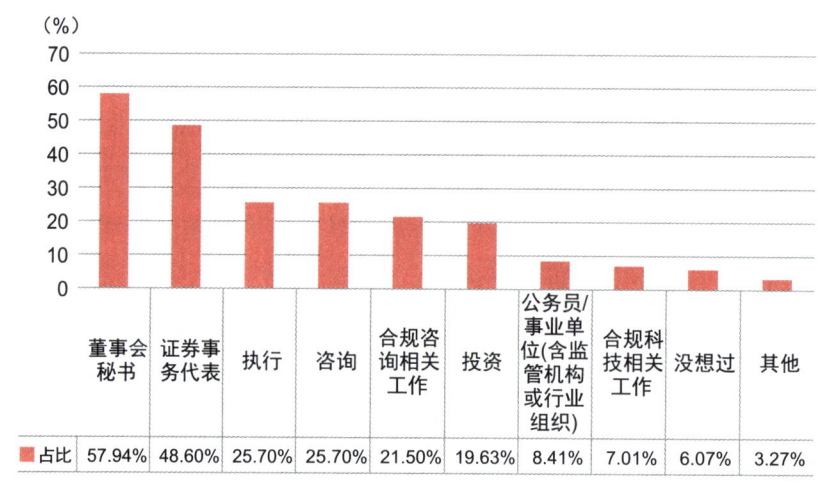

图 8-3 受访专员希望的职业发展方向（多选）

数据来源：《A 股上市公司董秘团队工作白皮书》。

向。在董秘从业者的发展路径中，向行业纵深发展的比例远超其他职业选项，董秘职业已成为一个具备从业粘性的成熟职业，未来如何提升外部吸引力已经影响力值得我们从业者继续努力。

其实，董秘从来都不是一个董秘从业者的职业终点，也是一个职业向纵深发展或触类旁通在其他领域开花结果的起点。我们再从行业观察以及媒体报道中看一下后董秘时代，董秘从业者可以走向何方？

8.1 企业核心高管

毋庸置疑，董秘本身就是高管，正如我们看到各省地市区的党委秘书长一般也是党委常委。董秘是信息的中枢，董秘的发展路径可以尝试从规范运作到资本运作再到战略管理一步步升级，直至全局性管理担任 CEO 或 COO 的职业经理人。

提到成功董秘，不得不提到媒体上曝光量极高的明星董秘——万科的董秘朱旭。很多人看到了朱总的高薪和媒体上的高光时刻，但却鲜有人挖掘这背后成功的逻辑，我们不妨从其履历上管窥一二。

朱总本科毕业于湖南财经学院（今湖南大学）经济系，随后又完成了中南财经政法大学管理学硕士、伦敦大学的公共政策硕士、香港公开大学企业管治硕士的学习。可以说与财经和企业管理类相关的课程她都开展了深入的理论学习，为其在日后董秘的管理生涯中奠定了夯实的基本功。

朱总的职业始点是税务系统，1997—2009 年曾任深圳市税务局办公室副主任、市局办公室秘书，可以说是在税务实务、行政管理、组织协调等办公室实务中积累了丰富的经验，并形成了日后严谨专注的职业习惯。在 2009 年离开税务系统赴任广东万泽实业股份有限公司董事长助理，开始企业管理的职业生涯，凭借自己在财经税务、行政管理等方面的扎实理论功底和实操经验，很快在上市公司董秘这条路上展现了天赋。2010 年担任万泽实业的副总经理，2011 年受聘国民技术股份有限公司董秘，2014 年又成为广田股份有限公司副总、董秘，2016 年开始任职万科董秘，而朱总的薪酬和知名度也正好在这几年里完成了三级跳。朱总的职业发展之路为我们董秘从业者展现了一条清晰的资深董秘晋升路线，稳扎稳打，一步一个脚印地向董秘职业经理人纵深前行，这也是我最推崇的职业发展路径。

8.2 IPO 职业董秘

董秘从业者凭借自己对财务、法律、投行业务的熟悉，利用自己擅长与各方打交道的经验，可以在 IPO 阶段站在公司的角度上，成为公司上市的总协调人，加速推进 IPO 的进度，提升成功概率，俨然成为了一种职业路线。通常情况下此类董秘入职会被企业定义为核心人才，虽然拟上市公司薪酬可能有限，但在拟上市公司入职时可以获得股权，在上市后变现，也使得他们和拟 IPO 公司形成一种为了实现上市而共进退的深度绑定。

近期整理公告和报道时，我们发现了一位董秘华丽转身为天使投资人——王家庚。王总职业起点与大部分董秘从业者相似，从上市公司董办职员开始，在 2010 年赴任 IPO 公司金雷股份副总兼董秘，开启了其 IPO 职业董秘的生涯，并持有 5 万股。在 2015 年 IPO 完成后 1 个月，王总申请辞职，当时持股 46878 股，当时公司股价 47.96 元/股，其持股市值约为 224.8 万元。随后王总启动了第二次 IPO 董秘道路，任职于泰和科技，通过直接和间接持有 378 万股，在四年后的 2020 年 1 月泰和科技 IPO 成功，在上市一个多月后，王总再次辞职，按照当日 19.81 元/股股价，其持股市值约为 7488 万元。目前王总虽然人离开泰和科技，但是带领老东家一起投资三家拟上市公司，成为了一名职业的投资人。

8.3　资源协调、私募投资

部分董秘通过自己任职获得的财富积累、人脉的积累，对行业上下游的认知，对买方私募、投资公司、资管，以及卖方分析师、投行的资源囤积，会选择自己创业，做私募股权基金投资，或者做并购的 FA 顾问，以此来实现自己的价值。

相信各位董秘从业者在公司股东大会、投资者接待中经常会接待一些投资人，他们往往就是来寻求合作机会的同行业公司前董秘。在一些公司定增的认购人当中也经常会见到有前董秘背景的投资公司参与一级半市场的投资，如原金牌董秘、酒钢宏兴董秘宋之国。宋总主管酒钢集团资本运作及证券投资工作长达 16 年，同时跨行业兼任多家企业董事，具备一、二级市场丰富的实战经验，在离开董秘岗位之后加入了私募投资行业，成为玄元投资的合伙人，取得了不错的业绩，玄元投资 2021 年 1—8 月在私募排排网百亿私募业绩排行榜获得第一名（据玄元官网披露）。

8.4 专业机构方向

乙方的投行、会计师转行到董秘行当的有很多，但也可以反向输送。很多工作甲方和乙方都是需要具备扎实的专业水准的，例如一些大型公司一年的资本运作项目就有十几个，自己做的行业研究报告也有十几份，也积累很多经验，想做一个行业专家的董秘从业者可以选择走向专业机构。

例如目前光大证券家电的首席分析师金星老师，是从美的集团证券部走出来的，凭借在甲方时对行业的观察和理解，转行当起了分析师。现在在家电行业江湖地位颇高，也获得了金麒麟金牌分析师等各种奖项。另外，路演中的创始人陈滢，也是从丽珠集团投资者关系管理岗位走出来的，凭借多年做投资者关系工作的行业观察，找到了上市公司路演的痛点，创建了路演中平台，为诸多上市公司提供了在线路演等专业服务。

9. 董秘从业者的职业生涯访谈

前文我们分析了董秘从业者从哪里来,要到哪里去,相信可以为有志向从事这一行业的小伙伴做一个职业发展的参考,我们还是留了个小尾巴:自己如何在职业抉择或发展路径中明确自己的需求和有的放矢的做出规划呢?

这里推荐一个职业生涯规划当中简单有效的方法——开启一次职业生涯访谈。

职业生涯访谈的目的在于获取从大众传媒中得不到深入信息和个性化信息,比如我们看媒体报道时候,往往只报道董秘光鲜的一面,不会报道董秘背后有多少心酸,都是从第三者视角观察的,所以从董秘这个行当里头的内部视角来观察和探访。

访谈的步骤我们大概分为七步。

第一步:确定访谈主题

对于我们董秘而言访谈的核心内容还是围绕着对岗位的定位,职业发展的规划,他人从业成功的经验或者失败的教训,或者我们当前遇到的难题。

第二步:寻找访谈的对象

受访人物的话主要是自己的领导,或者行业中自己敬佩的人,以及想要成为的那个人,重点约此类人群访谈。为了兼听则明,建议访谈对象不少于三位。例如我们已经进入了董秘职业,担任证代多年了,不知道要继续往纵深发展还是选择转行,此时可以在找两三位不同发展方向的访谈对象(如自己的领导、认识的董秘前辈、转行的朋友)来谈一谈,看一下我们下一步怎么走。

第三步:决定访谈的方式

建议采取一对一面谈的方式,在一个相对安静私密的环境下,可以放下戒备,敞开心扉谈自己的一些真实想法。午后安静的咖啡馆或者挑一个领导心情不错的时段在他的办公室里聊聊。

第四步：准备访谈的清单

将想要访谈的问题列一个提纲，提纲的问题循序渐进，从基础信息开始，然后一点点聊到核心问题和自己最关注的问题，如果对方不方便和盘托出，则建议先搁置这个问题，等到访谈后期气氛更为舒缓时再适时换一个提法，或者以侧面提问的方式进行提问。例如想了解"您现在的薪酬大概是多少？"这类敏感问题时，便不适合直接提问，如果改成"如果我有幸能够达到您提到的这个水平和段位的话，大概能够获得的薪酬待遇会是什么样的？"或者是通过前期的调查，大概了解了被访者的薪酬，可以问："我看了一下行业研究报告，了解到××行业的××岗位收入区间大概是××元—××元，您觉得这个收入是否客观反映了行业水平？收入的构成是如何呢？"

访谈提纲的话主要是自己对行业比较感兴趣的话题和想要了解的内部信息，我在下面列了个提纲供参考，但有一个问题单独说一下，那就是请受访者推荐一下还可以和其他哪位业内人士来谈一谈。大概率我们在做访谈时自己难以判断访谈的目标，所以我们可以先找到关系最近的直属领导或者朋友，然后由这位人士帮我们展开思路，推荐牛人眼中的牛人。

建议的访谈清单如下，供参考：

- 您是怎样决定从事自己的职业的？您做了哪些准备？
- 这个工作要求有什么样的技能？需要哪些知识储备？
- 介绍一下您的工作经历？到这个岗位是怎样一步步走过来的？
- 在工作中，您的主要责任是什么？分管那些工作？以及其他专业上的问题。
- 您有多少个下属？每个下属如何分工的？给每个下属规划了怎样的发展路径？
- 您的职业有哪些让您成就的地方？有什么回报？
- 一个典型的工作日是什么样子的？每天的工作计划如何？
- 您的工作条件怎样？在公司里其他部门人配合吗？
- 目前的薪酬水平如何？通常有哪些福利？（放到靠后问）

- 您认为您的职业发展前景如何？下一步打算？
- 通过沟通，您也了解了我的现状，您对我有什么发展的建议吗？
- 我还能和其他哪位业内人士谈一谈吗？

第五步：正式进行生涯人物访谈

一定要注意氛围的把控，如果比较尴尬的话可以拉拉家常，聊点家庭等话题，不建议打破砂锅问到底的连珠炮式问答，对方回答之后总结复述一下对方的观点，并说一下自己的感想，这既体现了对被访谈对象的尊重，也能够强化自身对被访谈者提供信息的理解和认知。

第六步：结束访谈，表示感谢

访谈时间建议在30—60分钟，时间太短难以作好铺垫，关键信息会缺失，时间太长则会引起受访者的疲惫。最后一定要由衷地表示感谢，建议做好访谈笔记，将访谈中觉得对自己重要的信息或者是被访谈人强调和重复的点，在访谈结束后致谢的同时提一下这些点，表示这些内容对自己非常重要，以后会重点关注这些问题。

第七步：整理访谈记录

这一步最为重要，没有调查研究就没有发言权，那么调查完了就要整理访谈的结果，来整合出对自己有益的信息。在完成多人的访谈之后还可以将访谈的结果进行比对，看一下被访谈对象都提到的问题，这具有普世价值，需要自己关注和强化。当然也要关注差异较大的内容，分析一下这些分化出现的原因，是由于行业、经验、年龄的差异还是纯主观的差异，还是自己的提问的方式具有引导性导致的，结合自身的情况整理出适合自己的强化方式。

最后需要强调的是，我们不是为了访谈而访谈，访谈的目的是"谈"以致用，将这些经验内化成自己的行动方案，结合自身实际情况，试图给自己规划一个职业生涯的规划。这个规划不一定是要宏观到整个职业生涯，可以是3—5年的中长期发展计划，也可以是1年的短期进步目标，然后制定相应的里程碑向前摸索前行，定期复盘或开展新的职业生涯访谈，调整或更新自己的董秘职业生涯规划。

10. 来自董秘从业者灵魂的吐槽

老规矩，吐槽也得有依据，上数据！

10.1 董秘团队面临的问题

我们看一下董秘团队主要面临的问题是什么？相信大家吐槽最多的便是加班了。受访董办人员每周加班时长情况如图 10 – 1 所示。

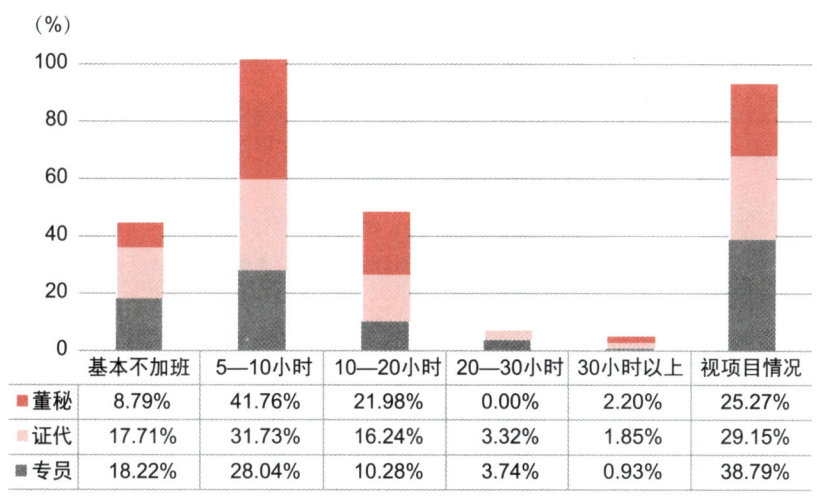

图 10 – 1　受访董办人员每周加班时长情况

数据来源：《A 股上市公司董秘团队工作白皮书》。

董秘团队相关工作较为辛苦，仅有 15% 左右的受访人员表示基本不用加班，32.12% 受访人员表示每周视项目情况加班，时长不定，31.94% 的受访人员表示每周加班 5—10 小时，有 19.44% 受访人员每周加班时长超过 10 小时。

董事会秘书，每周加班 5—10 小时的比例为 41.76%，对比去年调查结果，上升了 6.05 个百分点；每周加班时长超过 10 小时的占 24.18%。证券事务代表每周加班 5—10 小时的比例为 31.73%，每周加班时长超过 10 小时的占 21.41%。证券事务专员每周加班 5—10 小时的比例为 28.04%，每周加班时长超过 10 小时的占 14.95%。

从调查结果中我们发现，董秘从业人员当中加班最多的是董秘，且加班的时长及人数还在上涨。地位越高，职责越大，需要付出的也越多，成功的背后总是堆积着高高的寂寞。

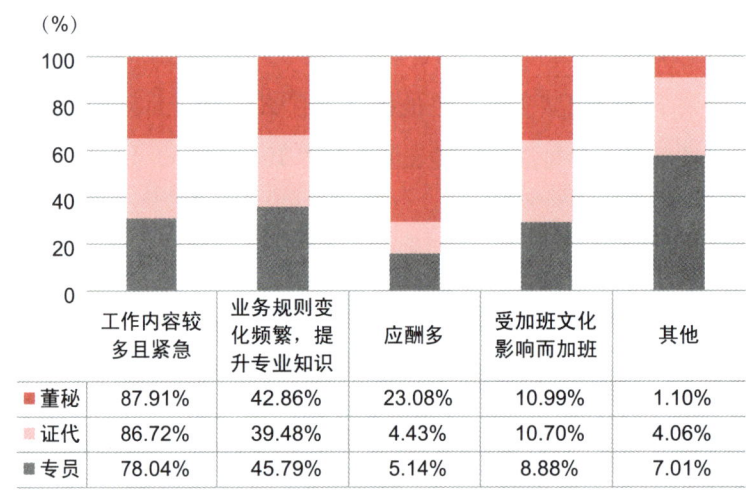

图 10-2　董办工作中最突出的困难（最多选三项）

数据来源：《A 股上市公司董秘团队工作白皮书》。

除了加班之外，我们还面临着其他很多的问题。如图 10-2 所示，排在最靠前的是工作内容多且紧急，这是因为随着《证券法》的修订，进一步强化了董事会秘书的信息披露职责，而上市公司每年要发布数以百计的公告，以作者本人为例，我所在的公司在某年全年总共披露了 **345 份公告**，合计 **1062.88 万字**，相当于四大名著写了三遍。在海量的文字信息中难免会有纰漏，而这种错误会被无限放大，可谓每次发布公告都是战战兢兢，如履薄冰。

其他集中的问题还有工作缺乏衡量标准，成果不明显，岗位职责不明确，需要兼顾很多工作，工作没有指引和章法，人力、物力配备不足，除此之外还有在行业群中大家经常吐槽的工作压力较大，薪酬不匹配，权限不够，在

10. 来自董秘从业者灵魂的吐槽

公司地位低等突出问题。

透过现象看本质，我们看这些问题的本质是因为部门定位不明，职责标准缺位，没有合适的工作模型和方法论，具体的现状汇总带来的隐患和可考虑的解决方案我们后续会慢慢展开做深入的探讨。

也吐槽一下自己的亲（上）身（当）经历吧，我记得研究生毕业找工作时，参加了现在公司董办的校招，时任公司董秘来面试我，相谈甚欢，面试后语重心长地说："小伙子，这个岗位很好，你可以用一年的时间学到别人三年都学不到的知识。"后来我发现这句话有毒，却充分体现了领导的语言艺术，确实使我学到了很多，那是因为我用一年的时间干了别人三年干不完的活，彼时基本上每天都是在加班当中度过。以后这句话也成了我在招聘新同事时的传统话术。

返还时间
2018-04-12 20:23:46
2018-04-09 07:30:08
2018-03-23 18:02:31
2018-03-21 19:53:09
2018-03-19 20:16:40
2018-03-16 17:50:38
2018-03-16 07:30:04
2018-03-08 17:52:02
2018-03-02 20:29:49
2018-03-02 20:23:49

图10-3　2018年3—4月作者所在交易所披露系统公告发布时间截图

（彼时公告上传截止时间为20：30）

我们的清晨，我们的月光，都属于交易所的披露系统——致我们每一个董办人。虽然困难重重，但我还是认为这种付出还是有回报的，经过这些年的积累，通过以规范运作为起点、以信息披露为抓手、以投资者关系为纽带，我的工作联系渗透到公司整个产业、整个管理链条的各个环节当中，成为了信息的枢纽，然后通过做一些跨部门、跨产业的资本运作或重组整合项目，对公司经营的逻辑有了比较深入的认知。

记得在做项目时，一个产业的领导说非常羡慕我们这种岗位，这种岗位可以用7年的时间走过他们20年职业生涯的所经历的路径，然后再走到与他们相同或相似的管理岗位上去。董秘这个行业虽然艰辛，但对于年轻人而言是一个好的职业选择。

10.2　一个灵魂的拷问

作者本人坚持写作的初衷是希望让更多的人知道董秘从业者的工作，了解我们的工作，尊重我们的工作，让董秘职业成为受社会尊重的职业、毕业学生向往的职业。在连载过程中有小伙伴善意地提醒："这不是写专栏能解决的，要提高下待遇。不如写篇文章呼吁下董事长给董秘办涨工资。"这个犀利的灵魂拷问曾让我无地自容，诚然不提薪酬就谈理想的工作都是耍流氓。但争取提高待遇的方式绝不是协议两篇文章说辛苦、论功劳就可以做到的。

说实话，在目前的经济结构下，尤其是在一二线城市打工人的竞争当中，大部分打工人都在奋斗着，996盛行，甚至007成了新风尚，相信绝大多数打工人都觉得自己的付出多，功劳大，薪酬却不合理。如果没有系统地提升工作的产出、让社会认可我们的付出、助力企业的价值提升，单纯写一两篇文章写我们多辛苦，应该要得到更多的回报，那样可能会引起反感。

我依旧是一个长期主义者、理想主义者，始终相信要循序渐进，先让社会、让老板知道我们的价值，认可我们的价值，这是我一直在做专栏、做课程、去讲座的初心，也许很难，作用很小，但有人去发声，带动更多人发声，声量足够大时，也许会有好的变化。我当不了鲁迅，没办法以笔为刀，但我可以做我自己，以自己的亲身经历坦诚交流，以自己的所思所想直抒胸臆，力量虽然微薄，但希望能抛砖引玉，吸引更多的董秘从业者分享表达，大家一起发声，不再沉默，一起推动董秘这个行业的发展。董秘打工人们，我们一起加油！

第二部分

董秘从业者和团队的现状、隐患及去向

前文我们通过调查数据和研究分析,介绍了董秘团队的人员构成、薪酬、发展规划等情况,现在我们把董秘团队的现状、隐患和未来去向做一个总结,试图找到破局与前进的方向。

11. 董秘团队的现状

我们先从董秘团队普遍的现状讲起，董秘团队现状总结如图11-1所示。

图11-1　董秘团队现状总结

11.1　精简化

从上述统计中可以看出，由3—4人组成董办团队的情况是绝大多数，相对于财务、人力等成熟的业务部门，董办人员相对较少，团队非常精简。

11.2　扁平化

董办人员相对精简，且人员的学历和素质相对较高，结构非常扁平。在A股，可能就是董秘带着证代，然后再带专员；在港股、美股的话，可能就是投资者关系总监带着几位投关经理一起工作。董秘团队内部没有太大的梯度，没有传统部门当中助理、专员、主管、经理、高级经理、总监、副总等非常复杂的序列排布，而且哪怕董秘已经做到了公司的副总经理，证代或专员都可以直接跟他们对接，沟通层级很少，形成了一个扁平的组织结构。

11.3　年轻化

中国资本市场从 1990 年诞生到现在不过三十多个年头，不像财务、人力等成熟的职业类别，上市公司董秘及董办团队是中国资本市场衍生出来的一个职业，从业者的年龄一般在 35 岁左右，甚至我前两天刚跟新一批的上市公司证代群的同事们聊了聊，发现大家基本上都是 2018 届、2019 届的毕业生，并且已经工作两三年了，年轻化趋势非常明显。我们可以看到在所有上市公司高级管理人员当中，往往最年轻的就是我们董秘。

11.4　专业化

董办是一个非常专业的团队，基本上都是斜杠多次方青年。我们作为董秘从业者在入行时基本上都跨过了一个或多个入职门槛，公司在招聘董办团队时基本上都会有这么一条：持有特许金融分析师资格证、注册会计师资格证、法律职业资格证、董秘资格证、证券从业资格证。现实当中大部分董秘从业人员都持有好几个证，例如持有法律职业资格证的同行，往往同时也持有董秘或证券从业资格证。像我本人在从事这个职业时持有了法律、会计、证券、基金、董秘的资格证。董秘团队具有复合的专业知识背景，是非常专业化的团队，这也是其他团队难以比拟的优势。

12. 董秘团队的隐患

基于上述董秘团队的现状，我们也面临着诸多的隐患，如图 12-1 所示。

图 12-1 董秘团队隐患总结

12.1 董秘团队精简，容易造成职责大于人员

各项针对董秘团队的调查当中反映的首要问题便是工作量大和职责不清的问题，董秘团队面临信息披露、三会管理、投资者关系、资本运作等工作，内容庞杂，还有很多董监高服务、公司内部行政等工作，使得本来就精简化的董秘团队更是忙得不可开交。

12.2 董秘团队结构扁平，导致传承容易断档

董秘这个行业有一个特点：人员的流动性非常强。助理的工作周期可能就一两年，证代能在一个公司工作三年以上，基本上就算是一个老员工了。

董秘经常会碰到自己带的证代经过几年历练，刚培养到差不多出师了，正得心应手，可这个独当一面的证代突然跳槽了，好多正在推进的项目运转起来出现很大的障碍。此时，证代之下的专员还没能熟悉掌握信息披露和规范运作的技能要点，与公司内部的关键脉络关系尚未打通，结果董秘又得重新带人，培养专员的专业水平，或是从外面挖来熟手，重新带着他们打通公司的关系网络，然后证代又跳槽……这种循环总在不断地上演，这样的管理常态也让我们的团队成长性受阻。

11.3　董秘团队年轻化，干劲十足，但是经验相对欠缺

经验不足可能是体现在一些非本专业问题的处理上、一些公司管理的程序和机制上、一些人脉关系的梳理上，年轻人缺乏一定的经验，就会导致处理时有些生涩。在一些跨部门、跨产业的项目当中尤为明显。关于经验我们都知道有个一万小时定律，没有经过一万小时历练的话，经验体系是没有搭建起来的。我们做项目最常出现的往往都是一些专业知识之外的、细节上缺乏经验的问题，例如在信息披露当中最容易出现的日期、单位、落款错误等问题。

12.4　董秘团队专业化程度高，但是管理和后备人才储备不足

专业化的另类极端是什么？在2020年网络十大热词中有一个词叫做"工具人"，如果我们团队成员都成了手里拿着锤子，看谁都是钉子的工具人之后，如何让团队成员进步，去担任更多的管理性工作？

企业在发展过程中裁员是个普遍的现象，我们董办人员基本上都还是比较放心，毕竟我们是非常专业的一帮人，裁掉我们没人懂上市公司运转的一套专业知识，但是我们也碰到一个很致命的问题，我们专业到不可取代，不可取代到我们无法进步。这句话听起来很绕，我本人就有这么一段比较刻骨铭心的经历：我在上市公司董办负责信息披露和规范运作的管理当中运转得非常顺利，公司上上下下的经办人员、信息节点都给打通了，在外部的监管关系以及投行中介机构的关系也比较好，当时有一个跨产业调动晋升的机会，

但领导发现一个很致命的问题——我走了之后没有人能管好这些事情了。最后领导无奈的一句"公司离不开他"让我的调动成为泡影。

后来经过我的反思，发现这个问题表层是团队没有形成良好的人才梯队建设，导致后备人才不足，内在问题是我自己没有形成良好的管理能力，有事情总是自己冲在前面开展执行工作，却没有通过管理团队的方式让团队的小伙伴们能力充分进步，导致人才青黄不接，无法取代自己的位置。

这种事情相信大家也或多或少的经历过，这在团队管理中会导致一个问题：一个人非常优秀，他不会被淘汰，但他会有很长时间被钉在同一个地方。因为团队没有培养出来后备人员，或者个人没有积累进步所需的管理能力，导致人才的工具化、板结化。这对一个团队的进步而言打击非常大，团队成员看不到上升空间时往往会选择离开。

12.5 一线声音

不少朋友们跟我反馈这句话时特别扎心：我们专业到不可取代，不可取代到我们无法进步。相信很多同行被这句话戳中了痛点，多少人在工作中非常优秀，他不会被淘汰，但他却被长时间钉在一个地方，被当成工具人，没有获取管理权限，梯队不完善没有培养出来后备人才，最终导致优秀的人离开，然后团队陷入到又一个如是循环中……难道这个宿命魔咒就没法打破吗？

在一个同行业交流群里，有位董秘提了一个不错的思路：

"董秘要做好人员梯队建设和传帮带，证代培养的目标是董秘的接班人，而不是一个熟手的证代，这样证代也不会因为没有晋升空间而跳槽，董秘也不会因为有更好的机会而无法调动，根结在于董秘是否放权、证代对重大事项的参与度、接触各种关系和资源的机会，以及老板对证代的信任度。

当然，另一个层面，证代也要具备培养的潜质、能力和素质才行。多想无益，努力提升自身多面事务的专业能力和处事能力，才是王道，在公司多做事，获得领导同事的认可才是一切的起点。"

13. 董秘团队的未来去向

上市公司董秘面临的普遍现状和隐患相信引起了不少同行的共鸣，前文作者讲过自己真实的惨痛经历，在那之后我痛定思痛，不断地找破局之法，学习很多的管理类的培训课程和书籍文章，结合董秘的业务实际开发专属方案，并开展了几年的方案实践，完善了团队运作体系并实现了自我的职业跃升。针对现状和隐患，结合我的经历和管理实践，可以从以下几个维度开展破局：确认机制，协同合作；动态授权，传承、帮助、带领；项目复盘，培训学习；大胆赋能，积极当责。

13.1 确认机制，协同合作

针对团队精简导致职责大于人员的隐患，一个解决方向是让机制来管理事项。哪些行业或机构的机制最为严谨呢？一个是银行，一个是医院。银行关系到资金安全，有一项重要工作机制便是流程管理，银行业有一个经典的说法：任何重复两次以上的事项，都要有相应的流程。确定的工作流程、分工安排可以让工作事项顺利地流转起来，再遇到相同问题时可以有章法地推进下去。医院关系到病患的人身安全，在手术和护理上有一项重要的机制是清单机制，在手术前会按照清单准备相应的药品、耗材，确认不同医护人员的职责以及处置预案，保障手术安全的推进。

这两种机制在我们董办管理也是融会贯通的，我们可以结合使用，例如处理关联交易事项审议和披露、组织投资者交流活动、开展某项资本运作项目时都建立相应的流程和事项清单。这是个漫长的过程，绝不是一步到位的。例如，股权激励项目是个复杂的项目，大的流程上就有筹划、审议、授予、考核、解禁/行权、回购注销等，如果只对这些大方向确认程序和事项清单的话，会非常的笼统，我会对每一个具体的事项准备程序和事项清单。举例来

13. 董秘团队的未来去向

看，在解禁时，如何召开解除限售、回购注销的董事会会议和监事会会议？请看如图 13-1 所示的程序和事项清单示例。

◆ **主责方**：董事会办公室
- **外部机构**：法律顾问
- **时间点**：每次解除限售前召开
- **参考依据和原则**：《激励方案》《考核管理办法》
- **相应流程**：

议案文件准备 → 发出会议通知 → T日审议表决

- **审议文件**：

序号	文件
1	《解除限售期解除限售条件成就的议案》《回购注销的议案》（如有）
2	《召开股东大会的议案》
3	其他相关议案

统计表决票结果，T+2日内准备两会决议等相关公告。

图 13-1　限制性股票解禁董事会流程和事项清单

我们可以看到通过这个流程和事项清单，将责任方、协助方、时限、规则依据、流程化和所需文件进行了统筹管理，即使是刚接手股权激励事项的同事碰到这个问题时，也可以有理有据地把事项推进下去。

另一个解决方向是通过协同合作替代一个萝卜一个坑的单点作战，打破职务岗位墙，所有的事项都是团队的工作，并调动公司其他职能部门、律所、投行等中介机构的内外部资源来一同推进，搭建一个协作系统。协作系统不仅仅是分工和管理这么简单，它其实也是一个复杂的系统，需要我们去探索，也是我这些年研究开发管理工具和模型的主攻方向。

13.2 动态授权，传承、帮助、带领

对于扁平化的结构，传承容易断档的问题，我们要做更多授权性的工作，**打造一专多能零缺陷的董秘团队**。个体上，以某项专长作为引进团队成员的出发点，以该专长为其主要工作方向，在此基础上，依据员工个人意愿或者是团队规划、团队职能、业务发展的需求，为其开辟第二赛道；团队上，通过刻意打破原有的分工，进行交叉授权，**结合 ARCI 模型设置不同的当责者和执行者，完成不同类型的项目任务或者日常工作的组合**，并在半年度或者不同的周期调整这个分工，保证原有的工作能够顺利开展的同时，培养团队不同岗位之间交叉履职的方案解决能力，激活团队的整体战斗力。

另外，通过老员工向新员工传递企业文化、管理方案和优良传统，帮助员工解决工作和生活上的困难，在思想上、理念上以及实际工作中做示范，带领员工冲在前线，带动员工积极性与忠诚度，共同交付成果的传帮带模式也可以很好地破解传承断档的困局。

但怎么样划分工作的权责边界？怎么样一步一步的让年轻人感受到自己在这个授权的体系里作用越来越大，从而感受到进步？这也是管理者所要面临且需要着重去考虑的问题。

13.3 项目复盘，培训学习

面对经验不足所带来的各种问题，我们可以通过项目复盘和培训学习等方式搭建学习型的组织来解决。

复盘的话主要是我们对过往的项目进行一个全方位的细节性的拆分，回顾这个项目的各个环节所经历的事件，总结经验教训，再做相同项目时便可以优化提升。例如，我们做了一次重大资产重组的项目，这类项目的特点是周期长、节点多、分工细。在项目完成后，我们按照**项目启动、方案论证、项目谈判、方案设计、内部审议、监管审核、资产交割**等若干个环节，就每个环节发生的事项、遇到的问题、开展的难点进行回忆整理，从而找到一套符合公司现状的整体项目管理方案。我个人觉得复盘的重要性甚至要大于

学习。

我们可以将学习分为两个维度,一个维度是在外部资源学习,例如**监管机构**官方和**易董**等社会化机构组织的各类实务培训,或者是同行们自发组织的交流沟通,或者参加 MBA、MPA、法律硕士等专业学历教育,这是外部的学习资源。另一个维度是自我学习,搭建一个学习型的组织,我们作为董秘团队的负责人,或者作为一个成员,怎么样来自我学习?如何在组织内部形成分享专业知识、管理经验的氛围?这些方向的突破对整个团队的能力提升的帮助非常明显的。

复盘和学习是为了在头脑中准备足够多、足够丰富的模型和框架,这些模型是对某些事物的抽象和提炼,形成知识格栅,在不同的场景中可以通过模型框架组合融会贯通,这就是查理·芒格所提的知识格栅思维模型,具体的方式可以参照本书的"董秘从业者超级个体之路"章节。

13.4 大胆赋能,积极当责

在面对缺乏管理经验,或缺乏管理后备人员梯队的时候,我们该怎么做?此时,领导者应该更多做一些赋能的工作。赋能主要是通过培训和授权来促使一个人相应能力的加强,并且给予相关同事充分的信任,在一些关键任务中鼓励下级主导执行,自己做好资源支持和节点把控。

而作为下属则可以争取更多的项目执行管理权,并在执行当中及时向上级汇报进展,在遇到困难时及时寻求上级的资源支持,具体的方式可以参照本书**"董秘从业者提升自我?"** 章节所提到的利用管理者与执行者的博弈规则中的反向思维,将博弈法则反作用于自身之上,实现与管理者的共情,强化执行者在竞争中领先的筹码。

领导者在赋能的同时,也需要加强当责文化的构建和当责意识的培养。**我们在"如何打造一专多能的董秘团队?"** 章节对"当责"做了一个简单的介绍,后面我们会借用 ARCI 模型跟大家讨论如何搭建董办的职能分工模型,推演动态授权体系。

面对董秘团队的现状和隐患,我们试图通过以上几个方向来找到董秘团队的未来走向，董秘团队未来破局方向总结如图13-2所示，但这还是一个笼统性、概念性的呈现，具体如何实施，我们会在后面的文章当中详细展开进行讨论。

图13-2 董秘团队未来破局方向总结（自制）

14. 董秘团队管理的三要素

前文我们总结了董秘团队的现状、隐患以及未来的方向，我们结合当今时代的特点，分析一下我们所面临的挑战，并试图借用第一性原理的思维，找到董秘管理的底层逻辑，以及相应的要素集合。

我们已经进入了第四次技术革命，来到了 VUCA 时代，这是一个易变的时代，一个不确定的时代，我们对原因未知，结果未知，甚至影响也未知；一个复杂的时代，大量的依赖和关联被海量的信息所掩没；一个模糊的时代，信息缺乏清晰的关系边界。

这个时代经常会有一些超乎预期的未知事项发生，两年前我们都说 BAT 已经把中国互联网完全垄断了，新的公司很难有大的发展空间，但是我们会发现电商领域冒出的拼多多，在资讯领域冒出来的头条系企业，在短视频及直播领域跳出来的抖音快手等。随着 5G 时代和技术的进步，变化还将更快，例如我们看到造车新势力的特斯拉、蔚来、理想、小鹏等企业的市值屡屡超越传统大车企的市值。

尤其是我们作为董秘，工作中面临着海量信息，例如宏观经济走势、公司所在的行业信息、二级市场走势、公司生产经营情况、市场供需关系、技术发展趋势，这些信息非常多，我们要把这些信息整合到一起，对外发布传播，这对工作提出了很高的要求。

那么我们来看一下我们是不是谨小慎微不犯错，就能保障"活"下去呢？"We didn't do anything wrong, but somehow, we lost."相信这句话，大家非常有感触，这句话来源于诺基亚的前总裁的谢幕演讲，听者无不动容。诺基亚对我们二十世纪七八十年代出生的人来讲意义非凡，我们小时候诺基亚手机还是非常抢手的，手持一台诺基亚 N95，你就是校园里最靓的仔。但诺基亚这两年迅速消失掉了，这个公司兢兢业业地做好自己的手机主业，专注于产品品质优良、皮实耐用、信号稳定,获得了良好的口碑,但是又怎么样?随着这个时代的变化融合之后,诺基亚做的事情没有一件是错的,但是失败了。因此,我个人不敢再以不犯错作为工作的标准,而是更多的是思考怎么样去做正确的事情。

在这个快速变化、信息海量的时代,不变的东西是什么呢?我们可以看到每次技术革命都是以动力驱动社会变动。蒸汽时代是蒸汽机,电器时代是电机,互联网时代是用网络带动了经济的发展,变化的是发展动力事物背后的原理,不变的是一些事物背后的原理,也就是我们所说的事物的第一性原理,具体到我们的董秘管理上就是一些基本管理模型、管理工具,以及制定战略的一些基本的思路,对应的工作机制等。

其实每个企业或者个人都有自己的一套思维框架和思维体系,这些年来比较经典的企业管理三要素是:**建班子,定战略,带队伍。**

我在管理三要素的启发下,**通过积累战略和管理的模型、理论、机制,结合董秘的工作实践,**加之对当前 VUCA 时代的一些个人思考,试图找到董秘管理的底层逻辑:定位和战略,职责和团队,机制和工具。该底层逻辑三要素如图 14-1 所示。

图 14-1 董秘管理底层逻辑三要素(自制)

这个管理底层逻辑看起来很神秘,其实就是我们上学时解答问题时经典的三段论:**是什么,为什么,怎么办。**即通过结构化的思维方法将复杂的关系封装到这三个要素集合当中。

14. 董秘团队管理的三要素

定位和战略明确我们是谁，找到定位，瞄准方向，运筹帷幄，开展规划。每当年底总结规划时，大家经常会讨论董办、证券部的定位到底是什么？怎么开展规划？这是一个起点性的问题，如同我们在使用滴滴出行时第一步就是搞清楚定位。有了定位就有了出发点，并以此借助战略思维导向、战略分析工具和战略管理模型来做好部门业务和个人职业的规划。

职责和团队明确我们干什么，通过框定职责范围，搭建工作团队，来明确工作的内容对象，提升组织的战斗力。比尔·盖茨有言：**"小成功靠个人，大成功靠团队。"** 作为团队领袖或者成员，如何与团队携手进步，是每个董办人员所追求的良性循环。

机制和工具明确我们怎么干，因此我们要确认工作机制，善用管理工具。所谓"工欲善其事，必先利其器"，我们曾提过针对董秘团队精简导致职责大于人员的隐患，解决问题的方向之一是让机制来管理事项，遇事有章法，做事有办法，通过机制和工具保障战略的落地执行和团队的高效运作。

关于如何借助董秘管理的底层逻辑来开展管理工作，如何将这三要素有机地结合起来开展工作，是我们后面着重探讨的部分。下一篇开始，我们研究董秘组织的定位，我们一起分析演绎董秘的管理精进之道！

第三部分

董秘从业者和团队的定位

当我们呼叫网约车时,网约车师傅问我们第一句话永远都是:"您的定位准确吗?"

这个灵魂考问也发给各位董秘从业者:"您清楚自己的职业定位吗?"相信这个问题每个人都有自己的答案,我们就从董秘从业者的职业定位出发,从法律规则角度理清履职依据,探索所需掌握的关键知识,缕清核心工作职责,找到核心客户,以及围绕客户运转的核心价值链条,最终将这些要素整合封装到一套团队职责定位模型当中,以此开展各项具体的工作。

15. 董秘从业者的职业定位

正如序文中所提，董秘是一个复合性的工作。那么，董秘的职业定位是什么？

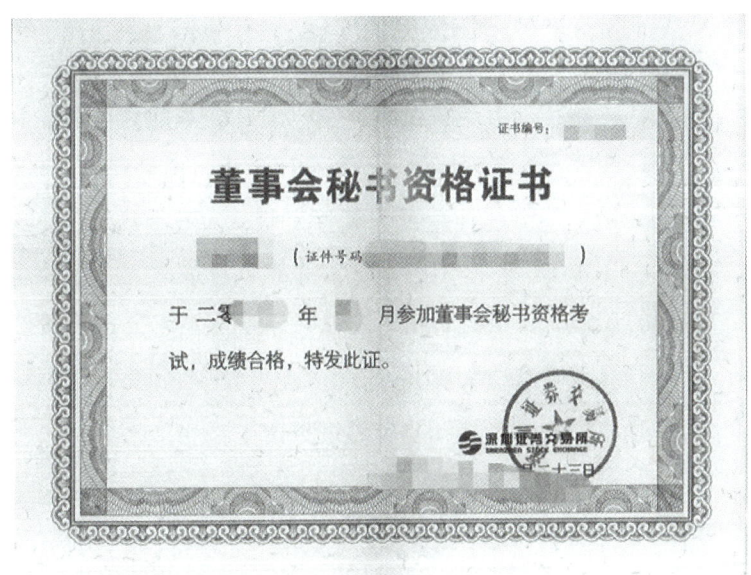

是这张薄薄的董事会秘书资格证书吗？

这张证书显然只是一个董秘的准入门槛，当拿下这张证书时往往意味着董秘职业的起点。

是《公司法》和公司《章程》中规定的高级管理人员吗？

高级管理人员是对身份和责任的界定，仿佛不是最准确的定位。

是万众瞩目的金牌董秘？

是年薪百万的高薪职业？

还是那个出了事情第一个扛责任的"背锅侠"呢？

15.1　从说文解字开始

不知道大家有没有琢磨过"董秘"这两个汉字背后所代表的是什么？不妨我们先从说文解字这个角度来看一下。

先看"董"字，这是一个上下结构，一个草字头和一个重。我们知道草是很轻很不受关注的，成语视如草芥说明了草的无关紧要。下半部分却是一个重字，重要之重，在上下结构重占了更大的一部分。这样看"董"这个字充满了矛盾，明明是最轻的头，却承担着最重的底，仿佛在诉说着董秘的宿命：**我们董秘往往是从最轻、最基层的岗位开始，从"三会"文档、信息披露到规范运作、资本运作，再到投资者关系、公共关系的管理，接着走向战略管控、经营管理等重要的管理岗位，一路循序渐进，由轻到重的职业生涯。**

对公司来说的话，董秘往往是公司高级管理人员中最为年轻的那一位，分管的工作也可能不像 CEO、CFO、CTO 等那样具备成熟完善的体系，但是我们确实以较轻的年纪、较轻的团队、较轻的体系承担起公司投资价值（股价）生成、传播和呈现的重任。

再看一下"秘"字，这是个左右结构，可以看到一个禾和一个必字。禾代表的是粮食，提到禾字旁大家可能想到另一个非常重要的字就是"税"字。税的本意即用粮食向国家兑付义务。禾字边代表了粮食，代表了财富，禾旁边加一个必，寓意着我们董秘是生产粮食、制造财富所必须的一个角色。

合起来看，我们董秘的地位可能非常轻，但是随着我们的专业化、价值属性的加深，我们成为非常重要的角色，是为公司创造价值、传播价值和增值价值的所必须的角色。

15.2　从法定依据说起

董秘是《公司法》法定的高级管理人员，我们不妨从几部主要的法律规范的文件当中来找一下董秘以及证代定位的法律依据：

涉及董秘定位的最高法律文件一定是《公司法》，这是我国公司法人运转的法定依据，《公司法》关于董秘履职和定位的条款如下：

15. 董秘从业者的职业定位

第一百二十三条 上市公司设董事会秘书，**负责**公司股东大会和董事会**会议的筹备、文件保管以及公司股东资料的管理，办理信息披露**事务等事宜。

第二百一十六条第一项 **高级管理人员**，是指公司的经理、副经理、财务负责人，上市公司**董事会秘书**和公司章程规定的其他人员。

解读：依据《公司法》，董秘是法定的高级管理人员，对"三会"事项和信息披露负有管理职责。

在法律位阶的《公司法》之下，证监会以部门规章的形式颁布了《上市公司信息披露管理办法》，关于董秘履职和定位的条款如下：

第三十二条 上市公司应当制定定期报告的编制、审议、披露程序。经理、财务负责人、**董事会秘书**等高级管理人员应当及时**编制定期报告草案，提请董事会审议**；**董事会秘书负责送达董事审阅**；董事长负责召集和主持董事会会议审议定期报告；监事会负责审核董事会编制的定期报告；**董事会秘书负责组织定期报告的披露**工作。

第三十三条 上市公司应当制定重大事件的报告、传递、审核、披露程序。董事、监事、高级管理人员知悉重大事件发生时，应当按照公司规定立即履行报告义务；董事长在接到报告后，应当立即向董事会报告，并敦促**董事会秘书组织临时报告的披露**工作。

第三十八条 董事会秘书负责**组织和协调公司信息披露事务，汇集上市公司应予披露的信息并报告董事会**，持续**关注媒体**对公司的**报道**并主动**求证报道的真实情况**。董事会秘书**有权参加**股东大会、董事会会议、监事会会议和高级管理人员相关**会议，有权了解**公司的**财务和经营情况，查阅**涉及信息披露事宜的**所有文件**。董事会秘书负责办理上市公司**信息对外公布**等相关事宜。

上市**公司应当为董事会秘书履行职责提供便利条件**，财务负责人应当配合董事会秘书在财务信息披露方面的相关工作。

解读：依据《上市公司信息披露管理办法》，董秘负责编制定期报告，提交董事会审议，并对外披露；负责对重大交易、权益变动、人事变动等可能对公司证券价格产生重大影响的事件以临时报告形式信息披露；做好与媒体的公共关系管理工作以及通过参与"三会"及重要会议、查阅资料来行使知情权。

在《上市公司信息披露管理办法》这个部门规章的位阶之下，证监会还颁布了两个规范性文件对董秘的定位进行了确认：

《上市公司投资者关系管理工作指引》第二十三条　**董事会秘书负责组织和协调投资者关系管理工作**。上市公司控股股东、实际控制人以及董事、监事和高级管理人员应当为董事会秘书履行投资者关系管理工作职责提供便利条件。

《上市公司治理准则》第二十八条　上市公司设董事会秘书，负责公司股东大会和董事会**会议的筹备及文件保管、公司股东资料的管理、办理信息披露事务、投资者关系工作**等事宜。

董事会秘书作为上市公司高级管理人员，为履行职责**有权参加相关会议，查阅有关文件，了解公司的财务和经营等情况**。董事会及其他高级管理人员应当支持董事会秘书的工作。任何机构及个人**不得干预董事会秘书的正常履职行为**。

第九十三条　**董事长**对上市公司**信息披露事务管理承担首要责任**。**董事会秘书负责组织和协调公司信息披露**事务，办理上市公司信息对外公布等相关事宜。

解读：依据上述规范性文件，在前面说的"三会"管理、信息披露、公共关系工作的基础上，明确了投资者关系管理工作的负责人是董秘，并且明确了**信息披露的首要责任人是董事长**，董秘负责组织和协调信息披露工作。

在证监会的系列文件规定的董秘定位之外，上市公司证券的指定交易所的上市规则当中也对董秘的定位有了更为具体的界定，各板块《股票上市规则》当中有相同的规定，以深主板《股票上市规则》为例：

4.4.1　上市公司应当设立董事会秘书，作为公司与本所之间的**指定联络人**。公司应当设立由董事会秘书负责管理的**信息披露**事务部门。

4.4.2　董事会秘书对上市公司和董事会负责，履行如下职责：

（一）负责公司**信息披露**事务，组织制定公司信息披露事务管理制度，督促上市公司及相关信息披露义务人遵守信息披露有关规定；

（二）负责组织和协调公司**投资者关系管理**工作，协调公司与证券监管机构、股东及实际控制人、**中介机构**、**媒体**等之间的**信息沟通**；

（三）组织**筹备董事会会议和股东大会会议，参加相关会议**，负责董事会**会议记录**工作并签字；

（四）负责公司信息披露的**保密工作**，在未公开重大信息出现泄露时，及时向本所报告并公告；

（五）**关注有关公司的传闻**并主动求证真实情况，督促董事会**等有关主体**及时回复本所所有问询；

（六）组织**董事、监事和高级管理人员进行相关**法律法规、**本规则及其他规定要求的培训**，协助前述人员了解各自在信息披露中的**职责**；

（七）**督促董事、监事和高级管理人员遵守法律**，本规则、本所其他规定和公司章程，切实履行其所作出的承诺；在知悉公司、董事、监事和高级管理人员作出或者可能作出违反有关规定的决议时，应当予以提醒并立即如实向本所报告；

（八）负责公司股票及其衍生品种变动的管理事务等；

（九）法律法规、本所要求履行的其他职责。

4.4.7 上市公司在聘任董事会秘书的同时，还应当**聘任证券事务代表，协助董事会秘书履行职责**。在董事会秘书**不能履行职责时，由证券事务代表行使其权利并履行其职责**，在此期间，并不当然免除董事会秘书对公司信息披露事务所负有的责任。

证券事务代表的任职条件参照本规则第4.4.4条执行。

4.4.9 上市公司解聘董事会秘书应当具有充分理由，**不得无故将其解聘**。

董事会秘书被解聘或者辞职时，公司应当及时向本所报告，说明原因并公告。

董事会秘书有权就被公司不当解聘或者与辞职有关的情况，**向本所提交个人陈述报告**。

解读：沪深交易所上市规则中对董秘的定位有了更为详细的框定，科创板、创业板的上市规则中关于董秘的规则不如两边主板的规则详细，但可以参照执行。我们看到对于董秘的职责在《公司法》和证监会系列规则的基础上，上市规则有了更为具体的界定，在明确"三会"管理、信息披露、公共关系、投资者关系管理之外，还明确了董秘要负责与股东、实控人的信息沟通，与投行、律所等中介机构合作推进公司资本运作和规范运作，负责保密工作并加强内幕交易防控，组织公司内部培训并敦促董监高遵守法律法规，同时通过不得无故解聘董秘、不当解聘的陈述权的条文，更好地保护董秘履职。

另外值得一提的是在《上市规则》层面，证券事务代表的定位被明确界定：协助董事会秘书履行职责，在董秘不能履职时代为履职。这个条文参照了《公司法》第一百零九条关于副董事长的定义："副董事长协助董事长工作，董事长不能履行职务或者不履行职务的，由副董事长履行职务。"由此我们可以类推证券事务代表就是副董秘的职责定位。

除了交易所的上市规则外，深交所也在其发布的《深交所董秘信息披露实用手册》的引言中对董秘定位有一个经典的表述：

董事会秘书一职因其肩负着**"三会"运作、信息披露、合规督导、股权管理、投资者关系管理、证券业务培训**等重要职责，已经成为上市**公司治理**机制中的重要环节。董事会秘书不仅是上市公司"三会"运作的"协调人"，各方利益交汇点的"发言人"，还是贯彻信息披露政策法规的"关键人"。董事会秘书是否勤勉尽责，能否有效履职，直接**关系着上市公司的透明度和规范运作水平**。

实践证明一家优秀的上市公司背后一定有一位优秀的董事会秘书。优秀的董事会秘书应该是个**多面手**：

一是当好**内当家**，多维度提升**信息披露质量**；

二是当好**外当家**，多渠道维护好**投资者关系**；

三是当好**参谋家**，多方面促进公司**做优做强**。

我们可以发现在规则的定义之外，董秘也是一个公司的参谋长，对公司的战略制定和实施起到关键的作用。

综上所述，我们把关于董秘、证代定位相关的法律文件都捋了一遍，基本可以明确董秘的职责定位包含了公司治理、规范运作、信息披露、资本运作、投资者关系、公共关系、战略管理等多个维度，那这些职责定位又是怎么理顺起来的？根据这些规则，结合上市公司的管理实践，董秘从业者所需掌握的关键知识又是什么呢？

16. 董秘从业者的关键知识版图

常言道：董秘的肚，杂货铺。无论是 A 股的董秘，还是港股、美股的投资者关系管理岗位，都是需要复合知识背景的工作，**上到宏观经济，中到法规政策，下到行业情况，再到公司的具体的经营**，董秘从业者都要掌握什么呢？

我认为主要是如图 16-1 所示的七大板块。

图 16-1 董秘从业者的关键知识版图（自制）

法律板块：日常工作中我们接触最多的法律文件就是深交所、上交所、北交所、香港联交所的《上市规则》，另外我们也要对《公司法》《证券法》及其若干配套文件，以及一些法定的程序非常了解，构建公司法制意识，维持公司的合规运转。

管理板块：在前面文章中我们分析过董秘团队当前的**隐患之一便是管理知识和技能的相对短板**。对我们而言，如何运用一些管理学上的工作模型、**机制流程来管理好信息披露、投资者关系等业务**？例如，借用销售管理的 CRM 客户全生命管理原理、机制、模型等知识来进行投资者关系的维护和管理，分析主要投资者的投资习惯、关注重点、持股成本等内容，定期与投资人开展互动。

金融板块：这个板块我们要做好缩小解释，金融是一个广泛而宏大的知识体系，在金融之下细分了若干的学科种类，对于上市公司的董秘，我们重点关注的是两个方面：一是**金融政策工具的认知**，如我们对股权融资工具、债务融资工具的机制、运作方式等知识的掌握；二是对**市场投资方面的认知**，如对证券市场的运行机制、大盘走势、定价估值等知识进行相应的了解。

财务板块：对于董秘而言，有别于财务人员，我们并不是对整个的财务体系进行认知，**主要是对公司财务报表有一个了解，熟悉"三表"的构成及相互关系，掌握几个重要财务指标背后的意义**，在对外讲解的时候可以向投资人讲出公司主要的财务情况，或者在对外投资并购当中进行一些财务分析作为决策参考。

公关板块：大家可以看到，我把公关知识放到了地图中澳洲的位置，也预示着这对董秘而言，公关知识也是最后发现的板块，或者很容易被我们忽略掉。上市公司是一个公众属性的法人，受关注程度很高，除了投资者之外，还有诸多的媒体、**公众也时刻注意着公司的动向，此时我们可以通过一些营销、传播、心理学的公关知识来应对和引导社会各界的关注**。

战略板块：如剧本里写的，压轴出现的往往是最重要的，但每当我提到战略这个知识点时，很多同行朋友觉得我这属于"何不食肉糜"的幸存者偏差谬误，大家都知道战略对公司、对个人很重要，但学习战略知识仿佛是习得屠龙之术，与很多同行现阶段的公司环境、工作内容或岗位职责相差甚远，战略应该是高管们甚至是老板们才去思考的问题。

针对这个质疑，**我们不妨从董秘最常接触的两项工作——信息披露和投资者关系说起**：

先说一下信息披露：我们在信息披露工作中最关注的是什么？很多朋友第一反应往往是上市公司监管部门以信息披露为核心的监管，我们非常小心地研究着各种法规条文，严格按照公告格式指引中的模板撰写公告，尤其是对关联交易、担保、重大交易等合规性的程序和额度严防死守，但这期间我们仿佛忽略了信息披露的本质。

诚然以信息披露为核心的监管是监管部门对上市公司监管的本源，但对于上市公司而言，信息披露的核心是为了应对监管吗？我个人认为，**回归本源，以上市公司为出发点的话，信息披露本质就是向外传递公司的信息，是向外传递公司价值的窗口，是将企业的产业价值转换为投资价值的起点**，当然这种价值传递要在监管的范围之内。

我们来看一下价值在线对投资者对上市公司信息披露方面的调查结果（图 16-2），投资者最关注的**是公司战略，占比在接近 80%**，其次是业务与经营、行业动态和投资者交流，针对增持承诺、关联交易等合规性相关的内容，关注度相对较低，这也许我们的信息披露工作指明了方向，在满足监管法规要求的前提下，我们信息披露工作的**核心客户是投资者**，在以客户为中心的思维引导下，我们的信息披露需要加强的便是对公司战略的解读、传递和分享。

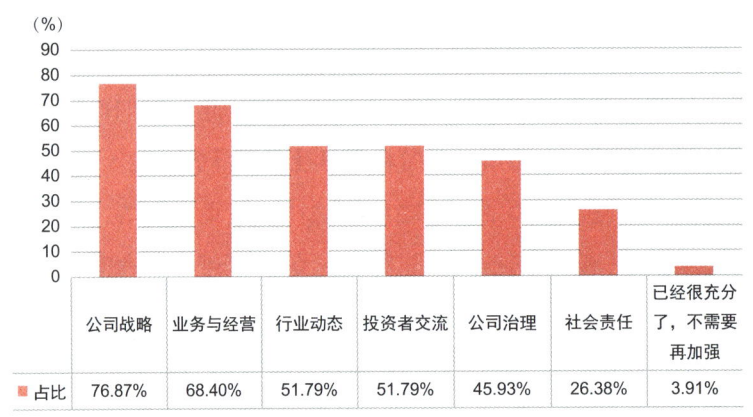

图 16-2　受访投资者希望上市公司加强信息披露的内容（多选）

图片来源：《A股上市公司董秘团队工作白皮书》。

再看一下投资者关系，很多做投关的同事认为最重要的工作就是维护好与投资人之间的关系，我们不妨探讨一下维护投资人关系的纽带是什么？是我们与投资人的私人关系吗？这个答案也许很难令人信服。

我个人认为投资人愿意关注并持续投资公司证券（**包含股票、债券、债务融资工具等广义证券**），的根本原因，是基于对公司的未来发展的看好，认

16. 董秘从业者的关键知识版图

为有增长价值才愿意拿出真金白银投资到公司的证券当中。投资者关系不仅是针对股票投资人，债券等其他金融工具的投资人同样是我们的重要客户。因此，如何向投资人解读、传达公司的经营战略和未来的业务发展状况，是我们投资者关系工作的起点。

我们来看一下易董发起的针对上市公司投资者关系业务负责人的问卷调查统计（图16-3），投资者关系工作的难点中企业价值梳理及亮点提炼到了第一位，企业价值的梳理和亮点提炼转换到企业的内部视角便是公司的战略定位及解读以及与之配套的业务布局和发展规划，据此来看，投资者关系工作的重点也是加强对公司战略的解读、传递和分享。

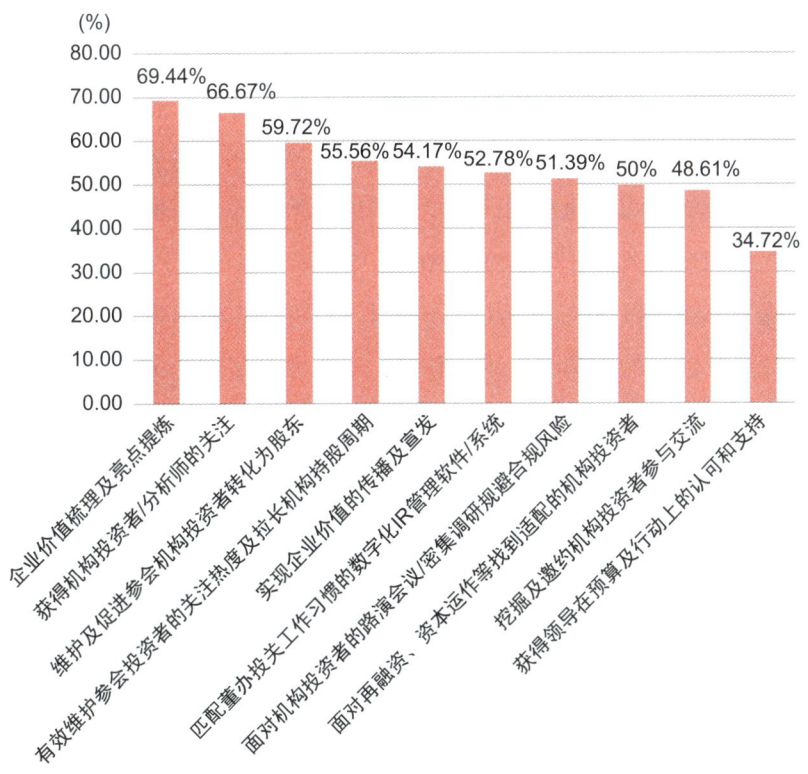

图16-3 投资者关系管理工作的难点市场问卷调查数据统计

数据来源：易董。

很有意思的结论，居然战略这个点把我们的信息披露和投资者关系两项管理工作的底层逻辑打通了，两者的关系可以这样理解：

信息披露在保障合规的同时可以很好地传递公司的价值，表明重大事项的意义，将公司未来发展的战略和布局**做合理预告，合理引导预期，是投资者关系工作的起点**。

在公告传递的基础上，投资者关系工作将投资价值信息进一步引申和加工，形成对以机构投资者为代表的价值传播方案，然后再将交流中发现投资者的关注点和意向反馈到公司内部，在后续的信息披露中围绕投资者关注的点阐明意义。这样看来，信披工作和投关工作是我们董秘工作者的两只手，相互配合能创造出更高的价值，而将这两只手串联到一起的，就是战略。

当然，我们的战略的知识储备，并不一定是宏观到整个行业、整个公司发展规划的层面，在信息披露、与投资者沟通当中，梳理出公司的战略的布局，未来的发展，业务的全局，并用矩阵、雷达图、第二曲线等战略分析工具呈现出来，这对我们的基础工作有很大的支撑作用。另外，通过战略思维和战略管理模型等知识的掌握，对我们开展资本运作项目的管理、团队的建设、个人的职业规划都有很强的支撑作用。

行业与业务知识板块：在文章连载时，我将核心知识列了上述六项，后来在一位董秘前辈的提醒下，我再补充一个董秘需掌握的关键知识——公司所处行业和业务知识。这是在上述六个通用知识之外的个性化知识，每个公司都有自己的一套行业和业务知识体系，这些我们从外部的课程和书籍中很难获取，更多需要通过内部的研究学习和实践亲历才能够掌握，成为自己在公司体系内安身立命、贡献价值的基础，这也是具体开展信息披露、路演推介、投关管理工作中的底层知识体系，因此构成了整个关键知识版图的海洋部分，需要持续强化。

以上便是我为各位同行整理关键知识版图，我们在日常的工作当中不妨加强这几个维度的学习，或者在团队当中建立好这七个方向的知识体系。讲完了知识，那董秘从业者还有哪些核心工作呢？

17. 董秘从业者的核心工作

A股董秘和财总往往一起负责上市公司股权融资、股票推介、资本运作等与金融相关的各类业务，在港股、美股中也主要是由CFO来负责（投资者关系管理岗位在隶属关系上往往属于CFO管理的投资者关系部门）上述业务，我们触类旁通地看一下与董秘工作有类似金融属性的行业核心工作环节，商业房地产的核心工作环节可以概括为：**投资、融资、建设、管理、退出**。**股权基金的核心工作环节可以概括为募集、投资、管理、退出**。参考这些成熟的分类，我把**董秘的核心工作全景定义为：战投融并管退**。

"战"是广义的战略工作，分为两个部分：

其一是公司的顶层设计和法人治理，在股权架构设计、董事会安排、管理层设置上，如何既实现企业经营高效运转，又保障各方利益的平衡。将公司的治理机制理顺是我们开展后续工作的保障。这方面这几年多次上演的收购与反收购大戏、创始人特别表决权机制（港股因为同股不同权问题与阿里失之交臂后，2018年香港交易及结算所有限公司正式公布《新兴及创新产业公司上市制度》的咨询总结，允许双重股权结构公司上市后，迎来了小米、美团等互联网公司的挂牌上市；A股在科创板放开了同股不同权后，2020年1月设置创始人特别表决权的优刻得在上交所挂牌上市）等都体现了顶层设计的工作意义重大。

其二是战略的制定、实施、管理和反馈，如前所述，董秘的职责定位上要"当好参谋家，多方面促进公司做优做强（摘自《深交所董秘信息披露实用手册》引言）"，我们作为公司信息的中枢掌握了与公司相关的大量行业发展、管理经营、规范运作、证券市场、投资者反馈等重要信息，我们将信息加工传递给公司的管理层，成为公司战略制定的参考系、实施和管理的控制点、反馈的传感器。

诚然，很多同行朋友说，"我们公司的战略都是在老板的心中，我们没有权利去定这个战略"。那我们可以通过一些战略工具的导入，让老板心中的想法来落实到我们日常的工作当中。并且这个战略也不是特指上市公司整体的战略，董秘所负责市值管理策略、资本运作策略、部门的年度规划、个人的职业规划都是战略这项工作的重要组成。

"投"是与公司相关的投资行为，分为三个部分：

其一是公司直接的股权投资，财务投资等行为，不少公司的董秘兼任投资部负责人。

其二是管理层、员工等公司内部的投资，将员工的利益与公司的利益捆绑起来，如股权激励、持股计划，以及 IPO 项目、重组项目中的员工跟投，这块主要处理好内部员工资产保值增值与规范证券交易之间的关系，以协调和风险管控为主。

其三是投资者关系维护，也就是 IR 管理，这是一个非常大的专题，后续我们会展开来讲。

"融"是公司的直接或间接融资行为，分为三个方向：

其一为股权融资，主要通过直接发行股票来募集资金，例如 IPO、配股、非公开发行股票等类别。

其二为债务融资，如直接发行公司债券，通过我国各大银行在境外分支机构，向海外发行的境外债；通过中国货币网，即银行间市场发行的短期融资券、超短期融资券等债务融资工具进行债务融资，或是通过银行或银团开展的信用贷款、项目贷款等融资业务。这些事项需要与我们和 CFO 有更多的接触和合作。

其三为一些股债中间产品，例如可转换公司债券、优先股、资产证券化产品、保理、可交债等综合融资工具。

"并"是对内外部的资源整合，分为三类：

其一主要包括行业的并购、股权的收购和债转股的重组，也就是上市公司传统意义上的 M&A 业务（Mergers and Acquisitions），这个主要是对外为公司找寻新的业务机会点以及增长点，当然这里面也包括为上市公司的子公司寻找业务横向收购的机会，不将视野局限在显性资本市场之中。

其二主要包括资产重组、发行股份购买资产、借壳上市等，把公司架构进行内生式调整，主要依据《重大资产重组管理办法》实施的相关措施，也包括企业内部的子公司分拆上市，在海外发行存托凭证等延展。

其三是往往大家可能比较容易忽略掉的——企业内部的产业升级和重组，我们习惯了把眼界放到企业外延式的发展，其实企业内部的一些优化和重整之后，也会给企业带来一些新的动力。例如随着公司对外的并购和经营规模增长而扩展的庞大业务线，也会导致公司越来越臃肿，那么这个时候剥离掉在战略定位上、经营方向上，对不符合公司战略导向、主营业务目标业务的剥离，或者是重构整合重复性的机构，打通上下游之间的协同，以此来做一些内生式的升级，重建上市公司发展的动力和能力。

17.1 "管"

"管"的事项可能是占到董秘工作80%的时间，它主要是偏内部的，分为4个方向。

其一是文档及行政管理，涵盖公司董事会、监事会、股东大会及各类专门委员会、内部决策的通知、决议、记录及签字页的文档管理，以及董事、监事、高级管理人员的履职事务支持。

其二是规范运作、内部控制和风险管控的合规方向管理把控，做好重大交易、关联交易、对外担保、财务资助等事项的合规管理，对公司涉及上市公司监管的风险进行识别和管控。

其三是信息及对外口径的管理，规范信息传递的流程，提升信息披露的质量，并在此基础上强化对外宣传管理，保障公司官方新闻、内部动态和广告、领导新闻采访的内容与上市公司信息披露法规不冲突并体现产业价值。

其四是公共关系维护和监管关系维护，上市公司本身就是公众公司，企业的公众形象也非常重要，需要我们维持与公众媒体、监管机构的良性互动关系，树立正面规范的企业资本市场形象。

17.2 "退"

"退"即退出业务，这也是我们整个的价值链条当中非常重要的一环，分为两个方向。

其一是股权减持的退出管理,在完整的企业生命周期里,一定会有一些退出工作需要我们参与协调管控,例如公司大股东的退出、IPO、在融资项目**中的投资人退出等**,我们也给他们提供支持。资本市场有进有出,投资公司股票的投资者人有买有卖。怎么样协助这些股东、投资人在减持时合规,在减持期间我们维持好自己公司股价不出现巨幅波动,合理向资本市场传递公司的预期,这也是我们的一个重要工作。当然,在这里强调,股东、投资人的退出当中,我们是做好协调和支持工作,而不是越位管辖,要保持上市公司与股东之间的独立性。减持管理是个非常庞杂的项目管理体系,有机会我们在展开来讲或者通过开展课程交流。

其二是因为我们熟悉上市公司股权退出的相关法律法规,了解其中的机理,那么公司在外部的一些投资在退出时也经常需要我们一些专业的支持。

图 17-1 为我个人为同行们整理的核心工作全景图,我也重申一下我的文章中所提到的一些思路、方法、机制并不是照搬我所在企业的模式,基本都是个人结合自身工作经验、经典管理理论、优秀的市场案例并通过解构、分析、推理、重构、整合出来的思路,所述内容请不要跟我所在的企业挂钩,以免产生不必要的误会。

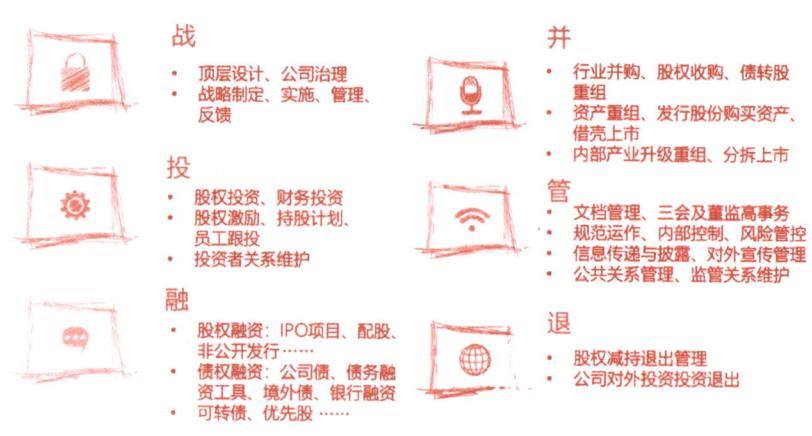

图 17-1 董秘的核心工作全景区

18. 董秘从业者的核心价值链条

A股董秘和港股等外股IR等从业者的职责体系纷繁复杂，各种职责之间关系也难以理清，前文我们提到了用模型思维理顺董秘的不同职责定位，明确核心工作之间的联系，打通关键知识之间的边界，将它们封装到一个体系化模型中，并从0到1，再从1.0到2.0搭建了董秘团队的职责模型体系。

谁是我们的敌人？谁是我们的朋友？这是革命的首要问题。

——毛泽东

确认谁是董办人的核心客户，如何为客户提供服务，与客户形成良性互动的关系是我们董办人不可或缺的工作之一。那么，我们不妨研究一下**我们的客户是谁？我们该如何构建起以客户为核心的价值链条呢？**

华为的核心价值观相信很多朋友都耳熟能详："**以客户为中心，以奋斗者为本，长期艰苦奋斗，坚持自我批判。**"华为企业经营的第一要务是以客户为中心，这与管理学大师彼得·德鲁克提出的"企业存在的唯一目的就是创造顾客"观念不谋而合，客户才是企业生存并创造价值的基础。

同样，我们作为董秘从业者，是职业经理人，也要明确我们的客户是谁，明确了客户是谁，我们也就知道了服务和努力的对象，并为这些客户提供有价值的服务，构建起核心价值链条。

在展开我们董秘从业者的客户及价值链条分析前，我们不妨先看一下**小米是怎么将自己的业务方向与为客户创造价值联系起来的**（图18-1）。

小米将自己定位为一家硬件公司，一家移动互联网公司，一家新零售公司，也就是将自己的三个业务方向指向了硬件、互联网和新零售。我们不妨从小米以客户为中心的米粉运营开始，解构小米的商业模式，以下为雷军总的讲话实录：

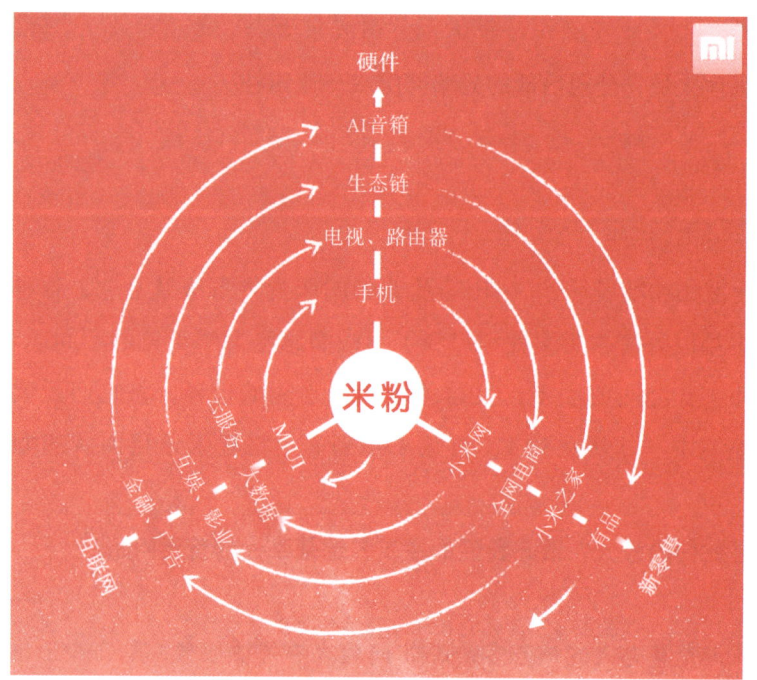

图 18-1 小米模式旋风图

图片来源：小米官网。

我们最早先建起了小米社区，聚集了一批手机发烧友。随后做了MIUI操作系统，MIUI发布之后我们又做了手机，然后做了小米网电商。电商成功后马上以巨大的决心做了云服务和大数据，然后马上渗透电视和路由器。**接着做了全网电商、互娱、生态链、小米之家、互联网金融和有品商城……**

这样，我们可以看到，其实小米的所从事的所有业务都是**以客户为中心且互相关联的**，我们通过这个旋风图可以清楚看出小米的各个业务都是环环相扣，循序渐进，持续升维。那我们作为董秘行业的从业者，该如何构建起以客户为核心的价值链条呢？

我个人将其解释为**以服务客户为核心，以规范运作为出发点的核心价值链**，如图18-2所示。

图18-2看起来可能比较抽象，我给大家解读一下。

首先要确认谁是我们服务的主要客户，我把董秘从业者服务的核心客户定义为投资人，监管机构及媒体，公司股东大会、董事（会）、监事（会）及高级管理人员，公司内部的兄弟部门或产业四种。

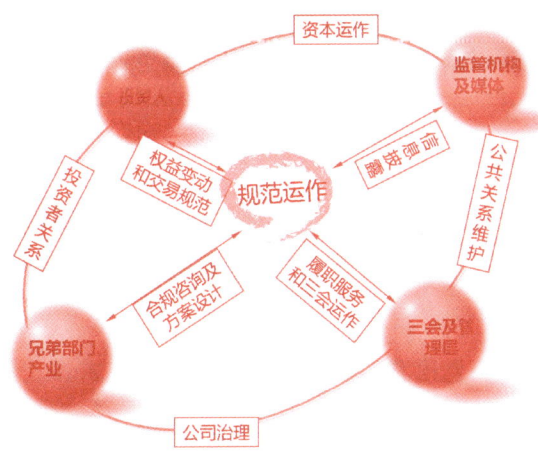

图18－2　以服务客户为核心，以规范运作为出发点的核心价值链（自制）

投资人：公司选择IPO上市的本源就是为了吸引投资者认可公司的价值并溢价投资公司的证券。这里的"投资人"是一种广义的解释，包含公司现有的股东，也包括市场上潜在的机构以及个人投资者，还包括公司现有和潜在的债券、债务的投资者。

监管机构及媒体：监管机构及媒体都是对上市公司质量予以监督和评价的机构，这里的"监管机构"也是一个广义解释，包含了上市公司证券事务的主管机构——证监会及其派出机构，也包括证券交易所、行业协会等自律性的组织。

公司股东大会、董事（会）、监事（会）及高级管理人员：如沪深两所的《上市规则》对董秘的职责所列示，"组织筹备董事会会议和股东大会，参加相关会议……督促董事、监事和高级管理人员遵守法律……"据此，"三会"和董监高是董秘从业者法定的服务客户。

公司内部的兄弟部门或产业：主要是跟我们日常工作关系度较高的财务部门、人力部门、法务部门以及具体的业务部门或公司主要产业的相关领导同事，这些都是我们开展工作的最主要原材料供应商和合规服务对象。

在确认主要的客户后，我们就要看一下**可以为客户提供哪些类别的基础服务**。在前面的文章我们多次阐述过，规范运作是我们开展所有工作的出发点，我们为四类主要客户提供服务也是以规范运作为起点的。

（1）**为投资人提供权益变动和交易规范的服务，保障投资人的权益变动符合收购的相应法规**，为投资人提供规范的交易指引以避免内幕交易、减持违规、敏感期交易、短线交易等违法违规交易发生。

（2）**当前监管机构强化以信息披露为中心的上市公司监管**，媒体对公司的报道也是源于上市公司的公告等官方信息，因此我们通过信息披露向监管机构、媒体传递公司的运营质量。

（3）**我们为董事、监事和高级管理人员提供合规培训、任职申报、公司的经营情况分析、资本市场的行情分析等履职服务**，并组织董事会、股东大会的运行，为监事会运转提供建议，以此开展三会运作的服务工作。

（4）**在业务部门、产业领导在开展日常管理工作和经营活动时，经常会碰到与上市公司监管相关的问题**，此时我们以规范运作为出发点，通过对相关的项目开展合规咨询，并且在咨询的基础上参与进去，帮助他们设计合规且可执行的方案，以此来保障兄弟部门和产业的工作可以顺利开展。

这便是我们为四大核心客户提供的以规范运作为出发点的基础服务。但相信不少小伙伴会提出来，"不对吧！你这还没有提到投资者关系、资本运作的这些职责，客户和客户之间我们又怎么通过服务联系起来的呢？"这就是我们图18-2所示的外环服务链条，即联系不同客户之间的增值服务，主要体现为以下四个方面。

（1）**通过资本运作，我们为投资人和监管机构、媒体提供了共同的服务**。我们在再融资、资产重组等资本运作中，一方面我们需要向监管机构报告相应的方案并由其审核，媒体也通过舆论进行项目的监管；另一方面我们通过这些资本运作引进新的投资人以优化投资人结构，或为现有投资人进行配售、增厚收益、贡献成长性等增值服务。

（2）**通过公共关系维护，我们将监管机构、媒体和公司的董监高及"三会"建立起了联系**。我们将监管机构的监管意志、将媒体的舆论情况传递给公司的董监高，并协调董监高与监管机构开展良性正向的沟通互动，维护公司正面的市场形象。

（3）**通过公司治理，我们将"三会"和管理层的决策传递给兄弟部门和产业**，让部门和产业执行公司股东大会、董事会、监事会的决议。同样，我们也将公司其他部门及产业关于公司经营的重大交易、投资等重大事项进行整理，生成议案，并报董事会、监事会、股东大会审议，以授权该部门、产业开展相关业务。

（4）**我们通过投资者关系服务，将公司财务部门所整理的财务信息、业务部门或产业的经营信息生成为投资价值信息**，向投资者传递这些投资价值，让投资人了解、认可公司的业务开展情况并投资公司的证券。同时，我们将投资人的观点、市场动态反馈给兄弟部门和产业领导，为公司的业务开展、经营提供参谋建议。

综上，我们以规范运作为出发点，为投资人、监管机构和媒体、"三会"和董监高、兄弟部门及产业**提供了权益变动和交易规范、信息披露、履职服务和"三会"运作、合规咨询及方案设计的基础服务，以及通过资本运作、公共关系维护、公司治理、投资者关系四项增值服务串联起核心客户的互动关系**，这样就形成了完整的以服务客户为核心，以规范运作为出发点的核心价值链。当然这也只是我个人的观点，希望更多小伙伴提出自己的服务客户理念落地模式，我们共同探讨！

19. 董秘团队的职责定位模型

前文我们一起回顾了董秘的职责定位、关键知识和核心工作,那么怎样理顺不同职责定位、核心工作之间的联系,打通关键知识之间的边界,将它们组合运用到一个系统模型当中,便需要构建董秘团队的定位模型。以下为作者理解的董秘团队的定位模型,提供一个思考框架。

19.1 理顺职责层次,构建位阶雏形

我们在董秘从业者的职业定位章节中,从法律法规中找到了董秘的职责定位方向:**规范运作,公司治理、信息披露、资本运作、公共关系、投资者关系**等。那么这些工作之间到底是什么样的层次关系呢?

我认为规范运作和公司治理工作是董秘职责的起点,宋志平会长在2020年中国上市公司协会年会的讲话上提到:上市公司质量重要的是三点,即"治理、绩效、责任",规范的公司治理是企业的基础,良好的绩效是企业的目标,而明晰的责任则是企业的担当和品质的体现。因此规范运作和公司治理是我们开展其他工作的基础,我们在此基础之上开展信息披露工作,将公司的信息向外传递。可能这三项工作就已经占用董秘团队80%以上的精力了,繁忙的信披之后可能就无暇去管其他了。在上述职责履行之后,开展资本运作非常重要,为公司注入新的增长动力或者融得资金。再往后就是公共关系和投资者关系,不少上市公司会把投资者关系放到各职责的最高点,但却没有相应的人员或者是没有相应的机制把它给运转起来,董秘和IR总监冲在前面将投资者关系变成了纯沟通应酬的职责了。

据此,我们把职责分出层次的排一下序,仿佛找到了各个工作间的递进关系,形成了职责定位模型的原型,也就是0号版本,如图19-1所示。但我认为这个模型是没有灵魂的模型,各个职责之间只有线性关系,而缺乏彼

此互动和依存的关系。需要我们从 0 到 1 的去探寻一个较为完善的董办团队定位模型。

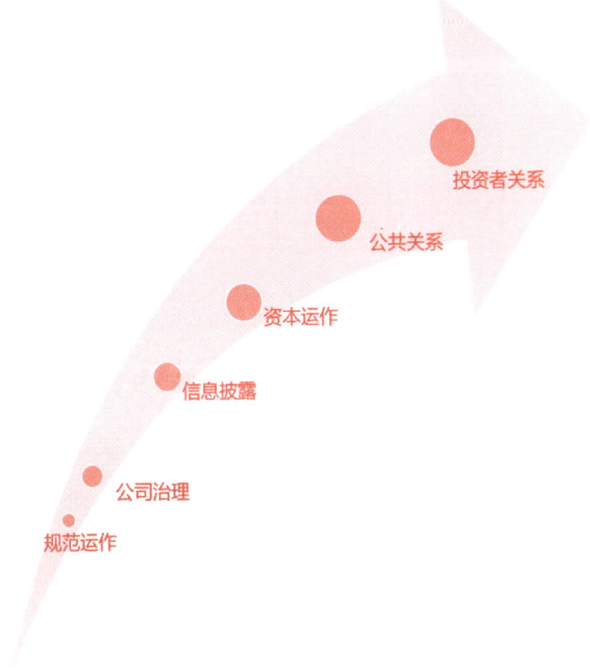

图 19-1　董办各职责的层次关系

19.2　董秘团队职责定位模型 1.0——静态模型

在 2018 年年初举办的某次上市公司颁奖盛典上，主持人让参会者上台分享关于董秘管理经验和如何构建职责体系，我被推选做即兴分享，听了很多同行们对信息披露、投资者关系、市值管理提出的各种观点，我脑子中电光火石一般涌出了一个想法——董办相关的不同工作职责实际上都是相关联的，需要一个模型将这些职责模块组合在一起形成一套系统。当天我们在一个酒店的大厅里面开展活动，看到大厅的结构，于是便即兴提出了把董办职责定位可以理解为一个"宫殿模型"的思路，如图 19-2 所示。

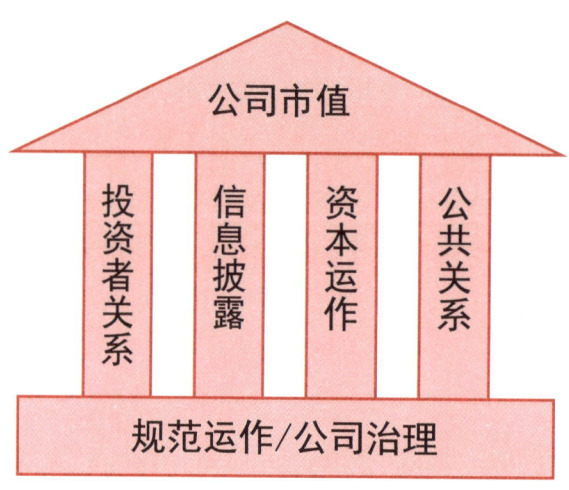

图 19-2　董办职责定位宫殿模型

万丈高楼平地起，着手建一座宫殿第一件事要什么呢？那必然是打地基，基坑挖得越深，房子建得越高。市值较高或者说较受关注的上市公司，一定是规范运作、公司治理相对较好的公司，当然刚才所说的市值较高是从长期来看，而不是说一些故事题材炒作的短期市值高的现象。一般对于好的上市公司的认知还是强调企业的"基业长青，市值长红"这个概念，这里头一定需要有看似容易却极其重要的工作作为基础，规范运作和公司治理就是一家上市公司董办职责定位的地基。

打完地基之后，那需要用什么撑起来宫殿呢？那必然是支柱，将支柱插入地基，再用支柱撑起屋顶，才能构建起宫殿内宽阔的空间。我将信息披露、资本运作、投资者关系和公共关系这四项职责理解为构筑起宫殿的四大支柱，相当于承重墙。有个经典的木头理论提到一桶水的容量不是取决于箍桶最长的一块木板，而是最短的那根木板。同理，支柱连接地基和屋顶，那宫殿的高度取决于什么？一定是取决于它最矮的那根柱子。如果不考虑最矮的柱子，硬生生地把宫殿搭建起来，那么这个宫殿的顶一定是不牢靠的。所以我们说一个上市公司董秘团队的投资者关系、信息披露、资本运作和公共关系四项工作，不能有明显短板。

那么，在地基和支柱构建好之后，什么是我们的屋顶呢？作为职业董办团队,无论是公司内部的高管同事,还是外部的股东投资人,大家最关注的公司的市值。在这里区别一下市值和市值管理,每次提到市值管理的时候,我总是会表明自己的观点——我认为"市值管理"是半伪命题,这个可能会引起很大家人很多的非议,诚然市值管理当中不排除有一些方法和技巧,例如预期管理、舆情引导等,但这些都是工具,不是市值的实质。我偏执地认为一个公司如果没有好的规范运作、公司治理、信息披露等基础工作做铺垫,抛开这些单独讲市值管理就是伪命题,是在构建一个公司市值的空中楼阁。公司的市值最终是靠什么体现的?就是靠刚才所说的地基和支柱给撑起来的,当然屋顶构建也有诸多的工艺和技巧,如刚才提到的预期管理、舆情引导、行情宣导等,让市值这个屋顶在有了支撑之后可以有更加美观的呈现。

以上便是当时我提出来的董办职责定位的宫殿模型,形成了 1.0 模型版本,其实大家还是挺有争议的。不少朋友在问按你这个模型是不是讲我把这些活都干好了,我公司的市值就一定高,大家也提出了很多反例:很多好公司从来不出问题,资本运作做得相当好,也会做海外并购,信息披露年年拿 A,但它资本市场表现就是不怎么样。

19.3　董秘团队职责定位模型 2.0——航船模型

如前文所述,这个模型只是一个静态的呈现,没有将变量引入,没有将一个公司经营情况、资本市场的动态给考虑进来,于是梳理了之前的想法之后,我又做了 2.0 版本的模型升级。

我认为董办(以 A 股为例,港股、美股也可以进行参考)所承担的规范运作管理、信息披露、投资者关系等工作,与公司的战略管理、投资管理共同构成了公司资本运营的完整闭环,是在产业价值创造的基础上进行的价值实现、提升和扩大,是一个公司价值经营体系的最后一环。众所周知,我们的工作不是实体性直接经营业务或从事销售等直接生产产业价值的工作,但我们把公司的经营结果进行再加工,在资本市场上生成公司投资价值、传播投资价值,最终通过资本市场反哺公司实体业务。那价值如何得以体现,我们可以通过如图 19-3 所示的航船模型予以理解。

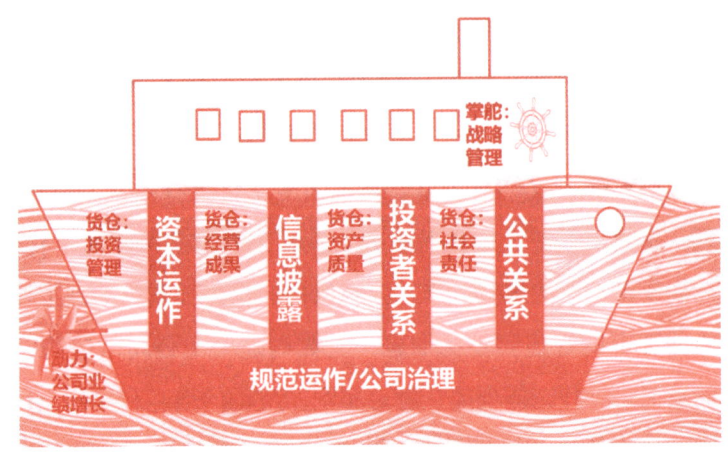

图 19-3 董办职责定位航船模型

万吨航船能够负载远行的基础是什么？是船要行得稳，有了稳固的压舱石，万吨航船才能行稳以致远。规范运作确保合规运营，公司治理提升管理效能，构成了上市公司这艘航船的压舱石，保障公司信誉良好、运营安全，能够在企业征途上平稳前行。

有了压舱石构成的底仓，需要坚实的龙骨来搭建起整个船的支架。这些龙骨即公司的资本市场价值逻辑，或者说是公司投资价值传递的基础，分为价值生成和价值传播两个框架。

价值生成的第一个途径是信息披露，信息披露是将经营信息转化为投资价值，在这里我要着重强调，很多同事在做信息披露的时候，可能没有意识信披的本质到底是什么。当问到信息披露的本质是什么的时候，相信不少朋友会异口同声地喊道："以信息披露为核心的上市公司监管！"诚然，这是监管部门对上市公司监管的出发点，但对于上市公司而言，信息披露的核心是为了应对监管吗？回归本源，以上市公司为出发点，信息披露本质就是向外传递公司的信息，是向外传递公司价值的窗口，当然这种价值传递要在监管的范围之内。所以我们在做信息披露的时候不能只想到了合规性，而忽略了价值传递的过程。大家可以看一下好的公司的信息披露，看一下他们的定期报告和临时公告，当中我们会看到很多时候信息披露除了按照公告模板给列出各类披露要点外，在意义、目的、影响、管理层讨论与分析当中，不再是

"你抄我，我抄你"，他们会把公司的战略构想放到里面去，传递公司追求的经营目标和理念，并且这些公告会形成完整的脉络体系，具有前后承接性。如何在信息披露中体现传递公司价值、打通信披和投关的职责体系这个专题，我们有机会展开来讲。

价值生成的第二个途径是资本运作，通过并购重组提升公司营收规模和盈利水平，通过股权激励来激发上市公司整体的经营活力，通过发行股份、债券、可转债等募集公司发展的资金，可见资本运作可以为公司输血，优化价值架构。

在价值生成之后就进入了价值传播环节。一方面，上市公司通过投资者关系管理来进一步阐述和传递公司的投资价值，通过引入优质的股权投资人来优化公司的股权结构；另一方面，上市公司通过公共关系维护来管理公司的公众形象，企业公众形象对于上市公司的市值来说有着正相关的关系。我们见过不少优秀的企业因为负面事件导致市值出现大幅波动的情况，如何维护企业公众形象也是价值传播中不可或缺的一环。

表 19-1　　　　　　投资者关系管理市场问卷调查数据统计

企业价值传播重要路径	占比
撰写价值梳理及亮点挖掘的符合资本市场路演材料	73.61%
精准对接、维护买方研究员、基金经理	73.61%
直接对接卖方分析师、实现研报覆盖	69.44%
组织投资者调研活动	52.78%
撰写投资者关系月报、季报、年报等报告	43.06%

数据来源：易董。

从表 19-1 的调研数据分析来看，大部分上市公司董办或投关工作人员，认为撰写匹配资本市场的路演材料最为关键，在买卖方关系维护为其次，再通过投资者调研交流活动，以及相关的投关报告，完善对企业经营战略及未来业务发展状况的传播，以此实现企业投资价值的精准传播。

这样看来，我们已经将信息披露、资本运作、投资者关系管理、公共关系维护四组核心的龙骨搭建起来了，这就形成了航船的主体了。但这仅仅是个框架，还需要更多的要素进来。

航船征程万里，唯有载货量足够或者载的货价值比较高，其最终体现的价值，也就是公司的市值才会高。我们看一下货仓里面主要货物都装着什么？有公司的经营成果、资产质量、社会责任和投资管理几个主要的货物，这些货物的数量或质量决定了整艘船的价值，这些事是公司业务产业价值的呈现。

大海航行靠舵手，同样公司发展一定有良好的战略管理，保障航船在正确的航线上。另外，我们上市公司每年在定期报告或者在路演当中一定要向外传递的公司战略方向，并且要有一定延续性和稳定性的，来向资本市场沟通和传递，实现预期管理。

航船出征需要源源不断地动力供给，上市公司航船的动力是公司的业绩增长，这两年市场上总在强调成长性这个关键主题，投资人对公司投资价值认可的体现是源于成长性，成长性越高的公司，它的未来估值相应的也会越高。

这样，我可以看到这个模型就相对来说比较完善了，更加具体了。

有同学站起来大喊："这些东西做得好也不一定有好市值！"

这位同学请坐下，我还没讲完，我稍微耍了点赖。我理解大家说的不可控因素，例如从宏观经济的角度出发，行业的行情，都是无法预测的。所以，航船在作为海上航行的运输工具，还有什么特点呢？船要在海上，要时刻关注海况，就像宏观经济的潮起潮落。中观经营环境、政策法规的变化都像海浪一样，航程当中永远不可能都是一片水波平静。海况就是宏观经济、中观经营环境、政策法规等要素，人不能与大自然作对，同样上市公司也不能与上述情况作对，而是要研究好如何顺应海况航行。航船除了海况，风向风势也非常重要，前几年有一句非常火的话叫"风口到了，猪也能飞上天"，这个风就是趋势，当然这句话还有下半句是"风停了，猪飞多高跌多惨"。我们很难去创造趋势，但我们可以预测趋势、顺应趋势的航行。所以，面对不可控因素，我们不是坐以待毙，而是对其进行预测、顺应、利用。

回到自身，船行万里最主要还是靠自身的结构和能量。纵使有时会狂风骤雨，有时有大风大浪，但我们的压舱石够多够稳，龙骨够强健，有足够的动力，有好的战略掌舵，有优质的货物承载，那么，上市公司向外传递的价值一定是相对良好的，最终向市场呈现公司的市值，并且我们也通过资本市场来反哺整个产业的发展，形成良性循环。

当然事物都在变化，资本市场也在发展，我们的思维也会迭代，这个模型也许只能代表我个人对现状粗鄙的理解，就当是抛砖引玉，希望大家能够提出更多有见解的思路来梳理董秘的职责定位！

20. 要不来一个彩蛋吧

现在我带着大家换换脑子，进入彩蛋时间。

相信电影《你好，李焕英》很多朋友都看过了，我们的父母与我们一样也曾年轻过，经历过各种各样的恋爱故事，受电影的启发，我也写了一篇文章来纪念父母 20 世纪 80 年代的爱情故事，希望大家珍惜眼前的美好和身边的感动。

以前，这是一个尘封已久的故事，没有人听过完整的版本，片段似的回忆与或有或无的想象拼织起这么一段往事。曾经，有个身世不幸的青年，父母早逝，读书时因为没有学到文化，毕业后遇到下乡，从城市走进了田间地头，当返乡时又遇到了下岗，没有了工作，只好做一点小生意。曾经，有个家庭因为特殊时期，举家前往了东北开荒，很久以后，他们回到了城市，但是因为没有资格进工厂，只好支起了小摊。

他，一个孤独的青年，25 岁的他在命运多次的玩笑中，变得沉寂幽然。他没有文化，却渴望着未知，他的床头有着罗曼·罗兰，有着卡夫卡，有着顾城、海子、舒婷，有着康德、黑格尔、费尔巴哈，他向往着自由，他有着一辆本田摩托车，驾着他驰骋在海边、山间。在市场上他总是很安静，看着他的书，埋没在他的书香国里。

她，一个干部子女，却没有享受过一天城市生活，当 18 岁的她从乡村走进城市时，对城市生活充满了渴望，她跟着自己的哥哥在市场里做着小生意，一个天真可人的小姑娘在市场里受到了更多的关注，因为曾经的身世背景，让人不敢靠近，她享受在她的城市梦想中。

阳光，午后，嘈杂的市场，穿过熙熙攘攘的人流，她笑着走过一个个摊位，接受着各个老板热情的招呼；他依旧坐在摊位后面，徜徉在托尔斯泰的皇皇巨著中。她走过他的面前，相视一笑，一段感情故事就会这样发生吗？

不会，她解不开他那沉郁幽深的眼神，也忌惮着这个安静的青年鄙夷她乡下带来的土气，只好远远地关注着他；他搞不懂这个小妹妹笑靥，更惶恐着自己年龄、身份上与她的差异，只好静静的思念着她。阴雨，傍晚，冷清的市场，淡去了繁忙时的喧杂，她走到他的摊位前，深吸一口气，用几乎耳语的声调说道："你……你看过《百年孤独》吗？能给我讲一下吗？"

他身体一怔，他知道是她的声音，他默默地点了点头，百年孤独，多么熟悉啊，孤独是什么他比谁都刻骨铭心。加西亚·马尔克斯就如同住在他的身体里，他娓娓道来，时不时唏嘘命运无常，她默默倾听，时不时感叹人生如戏，是呀，她早已看了《百年孤独》，却没有他那般的见解。他们荡漾在那个加勒比海小镇的故事之中，心与心如此碰撞。

那一天，他和她开始了心的征程；

那一周，他和她漫步在文学的森林里；

那一月，他和她走进了彼此的灵魂。

她不可抗拒他那种淡淡忧郁的漫谈，情不自禁地走到他身边倾听着他的故事。他不能拒绝对她莫名的关注，情非得已的在她面前倾诉，也聆听着她的心声。她喜欢和他在一起，骑着他那本田摩托车乘风在海滨公路，一起在礁石上依偎，远眺，心醉。他迷恋与她在微醺般的林荫暮色中漫步，席地而坐吃着简易的晚餐，欢笑，耳语，神迷。她的父母不可接受他这可悲的身世，拒绝他们来往；他的兄长反对接受这个乡下来的村妹，反对他们相恋。

愈挣扎束缚愈牢固，愈思念相见愈困难……

他们真的不适合吗？是的。

他们真的不能在一起吗？不是。

叛逆的她越是遭到禁锢，越要打破这些束缚；倔强的他越是被冷嘲热讽，越是坚定自己的选择。

既然没有了家庭的祝福，那就靠自己打造幸福，有一天，他用本田摩托车带着她离开了熟悉的市场，她与他变成了他们。

他们在哪？

有人在这个城市的其他市场里见过她支起了布匹摊。

有人在广州的十三行见过他们攀谈询价，物色货品。

有人在低矮的棚户中见过他们洗衣做饭，相拥取暖。

有人在北京北海公园见过他们畅游泛舟，相视而笑。

……

终于在相识五年后的腊月，他们结婚了，妥协了的家人在婚宴上伶仃大醉，掩面而泣，他挽着她的手，摸着她微微隆起的小腹，说道："我会让你们幸福……"

第四部分

董秘从业者的精进之路

当我们踏上董秘这个职业的征程时,相信大家经常会问自己或身边人,我们该如何作为管理者开展团队管理?自己又该如何走好这条职业道路呢?可以从哪些维度打造自己的竞争力?自己的职业发展道路又是怎样的呢?我们就在这个部分——为大家呈现。

21. 如何打造一专多能的董秘团队？

随着我们对董秘职责定位的介绍，我们可以看到董秘团队是一个综合性专业背景的团队。 如图 21-1 所示，在资本运作、投资者关系中需要对股票、债券、再融资机制、并购重组等金融知识和逻辑深入的认知，离不开金融人才；在信息披露和资本运作中还要配合着财会的工作，就会计处理、财报影响做出判断，离不开财会人才；上市公司的《证券法》《上市规则》等监管规则体系是非常庞杂的，保障合规运行，离不开法律人才；市值规模稍大的公司在信息披露以及公共关系管理当中，对输出的公告和新闻稿质量要求极高，离不开文字功底深厚的文宣人才；在资本运作等各类项目管理上，经常要做跨部门统筹协调的工作，离不开综合管理人才……

图 21-1　一专多能的董秘团队

这一罗列，居然要求一个董办需要五种专业背景的人才，我们之前看到过董秘团队 5 人以上的董秘团队占比不超过 15%，这岂不是一个悖论？此处需要解释的是，五种专业背景的人才不是指就需要五个人。我们提的是人才而不是工具人，如果我们只是一个萝卜一个坑的培养人员，或者按照这种思维,那真是不讲武德的表现了。

正如我们一直所强调的,董秘这个职业是个复合型工作,如果单单发展一种专业技能,那对于团队来说,很难形成一个综合作战的合力,很容易出现一个专业条线人员的离开导致运转失灵。

作为管理者,如何提升团队整体的能力,如何引导团队成员自我的提升,如何统筹团队各要素的有机平衡,是一个重要课题。**我们建议培养一专多能的团队成员**,也就是以某项专长作为引进团队成员的出发点,也因此以该专长为其主要工作方向,在此基础上,依据员工个人意愿或者是团队规划、团队职能、业务发展的需求,为其开辟第二赛道,通过刻意地打破原有的分工,进行交叉授权,结合 ARCI 模型设置不同的当责者和执行者完成不同类型的项目任务或者日常工作的组合,并在半年度或者不同的周期调整这个分工,保证原有的工作能够顺利开展的同时,也培养了团队不同岗位之间能够交叉履职的方案解决能力,激活团队的整体战斗力。

图 21-2 张文隆先生的著作《当责》

注:如何在董秘团队建立 ARCI 模型是我们后面论述的重点部分,这些管理模型源于张文隆先生的著作《当责》,该方法在杜邦、通用电气(GE)、安捷伦(Agilent)、3M、惠普、微软组织中都被重视、推广与应用。

21. 如何打造一专多能的董秘团队？

举例说明，原本负责股权激励管理的同事，在工作一段时间后，对这部分工作有了经验，我们通过工作手册的方式将这些经验固定下来，在特定时间将股权激励工作转交给负责信息披露或者投资者关系的同事，自己可以交叉了解一下信披或投关的工作，或者承接新的项目，过一段时间再进行不同的组合，所谓"流水不腐，户枢不蠹"，将组织激发为活水。

在此特别提醒的是，这种交换不是基于没有经验、知识传承的硬脱钩，而是在工作手册、项目复盘加持下使得工作经验和知识可以固定下来之后的交换。

22. 董秘从业者如何提升自我？

讲了管理者该如何在董秘组织内开展分工管理和人员培养，那么我们作为从业者，该如何提升自我能力，从而符合不同场景下对董秘从业人员的专业要求呢？董秘从业人员如何提升自我呢？

董秘方向的职业让我们整天接触股市，在股吧、微信各个炒股群的讨论中，在接投资者热线一次次被骂中，我们见证了无数被深度套牢的"韭菜"，当大盘上涨、某一阶段行业行情或者个股消息利好导致股价上涨时，部分散户纷纷涌入，有所收益养得略微壮实一些，继续加码，正暗自得意时转眼间股市急转直下，散户被套，一茬韭菜就此被收。散户割肉离场，反思良久认定自己判断没有问题，只是运气不济，于是在新的一轮个股上涨时再次进场，开始新一轮播种—生长—加仓—收割的循环。

韭菜们辛辛苦苦长了半天，结果被人收割，命运足够悲惨。但对于在公司的年轻打工人而言，我们比韭菜更不幸，我们都是干电池！韭菜还会在这一刀与下一刀之间得到浇水施肥，虽然刀割的时候有点痛，但至少还有梦想，而干电池，啥都没有，用完就扔！

干电池的特点是什么？标准化，产量大，价格低，电量有限，我们年轻人仿佛就是一个个工业产品，随着大学的一次又一次扩招，每年我们都在迎来史上毕业人数最多的毕业季。大学生在不同的大学里用标准化的课程体系，经过标准化的积累学分、考试答辩，如同流水线上的一道道工序，最后毕业拿到毕业证，学校摁上章，如同拿到了产品质检合格证，就被投放到下一个环节——就业。我们进入人才市场（到了人才市场发现原来所谓人才只是在市场上卖的货，而且是处于买方市场里的货，命运掌握在用人单位手里），经过投简历，在买方认可后录取，被塞进格子间里，被赋予了特定的社会分工，每天仿佛都干着同样的活。当父母觉得我们的能进入写字楼坐办公室，就摆

22. 董秘从业者如何提升自我？

脱了他们当年在工厂车间抑或田间地头的体力劳动者命运，殊不知我们这只是时代的变化，我们这些当代白领打工者对着电脑码字、做 ppt、写代码与父母时代踩缝纫机、拧螺丝、喷农药没有本质的区别，只是我们时代的劳动战场变了而已。

我们都是社会化分工的标准件，初入职场时谁都难免沦为标准化的工具人。我们安慰自己：工作没有高低贵贱，只是分工不同。于是我们坚信熟能生巧，把平凡的事情做到极致，青春在日复一日的重复劳动中挥洒，陷入到一个最近非常火的词——内卷。**一万小时定律下，我们成了那个"无他，唯手熟尔"的卖油翁，看似是经验丰富，实则却只有肌肉记忆，没有形成自己的一套方法论。** 等到价值被榨取殆尽，一纸辞令就得卷铺盖走人——看看，内卷到极致，也就只能卷铺盖。

于是，丧文化在此背景下开始抬头，我们开始满足于一份做下去还有点脸面的工作，以及工作之外的小确幸、大满足，学会了懒洋洋的上班打卡，码码字、填填表、跑跑腿，学会了怎么偷懒刷剧、划水神游，下班了就吃个外卖、刷个剧、逛某宝、打游戏、看直播，第二天又在地铁上以刷肥皂剧开始。这样的日子，温水煮上几年，青蛙想不"内卷"，恐怕锅都不答应。

无论是勤勤恳恳，还是浑水摸鱼，最后的命运都像是一节节干电池，没有实用价值了就被丢掉，被新的电池替换上，开始一轮新的循环，随着未来几年 AI 的发展进步，更多的重复劳动将被机器人替代，电池们的迭代更快。

干电池电量用尽后就会被丢掉，但会造成污染环境，如何处置废旧干电池也是社会难题，这仿佛也是一种对现实的讽刺与隐喻。

说了这么多，是不是就是告诉大家该洗洗睡了，无论如何都是被替换的宿命？此言差矣，面对工作，除了我们所说的机械重复和混日子等死之外，当然有第三条路径可以走，这条路是难走的路，但却是摆脱困境颇为有效的路。

诚如前文所讲，管理者如果只是一个萝卜一坑的模式管理团队成员，那就是不讲武德。证代、专员是执行者，董秘在高管团队中也是老板的执行者，在不同的分工模型梯度中我们都摆脱不了执行者的命运，但如果只是重复地执行指令我们就都沦为不同程度的工具人了。

既然我们是执行者，那我们可以从管理者逻辑上进行研究，与管理者进行反向的博弈，了解领导管理团队的逻辑来反作用到自己的执行工作上，这样写有点抽象，举例说明。

方式一：我们可以主动替领导做报告，写部门规划，做公司发展战略，**了解领导的管理理念和公司的管理逻辑**，并将这些贯彻到自己的工作清单中，年底了我们不妨从主动替领导写部门规划总结开始动手。

方式二：当我们被领导责怪或者误解时，例如，就一个信息披露的表述，明明是符合规则和市场的惯例，领导仍然认为处理不合适时，我们不妨换一下位置，站在领导层面上看待一下是否这个披露的处理反映了管理层的意图？现在这个合理合法的表述是否会引起投资者的误解？市场上所谓的惯例是否只是大家的跟风，而不在意是否与公司的表达习惯一致呢？**跳出自己的思维和立场，我们也许会寻找到更好的答案。**

方式三：我们可以尝试学一点领导位阶所需要的知识技能，如目前自己只是做信息披露和规范运作的证代岗位，**不妨站在更高的董秘视角上回顾一下公司近期的资本运作计划，试着复盘已经完成的项目，找到这些动作背后的原因，去感悟这里面涉及的顶层设计、业务规划、并购逻辑，内化之后，将这些逻辑体现在公告撰写中，反映在规范运作工作的轻重缓急与资源配置上，与更高层的管理逻辑形成"自洽"。**

上述的方法都是利用管理者与执行者的博弈规则中的反向思维，将博弈法则反作用于自身之上，实现了与管理者的共情，强化执行者在竞争中领先的筹码。

相信不少朋友会说："道理是那个道理，但你说的好像是我们上来就不当什么打工人，直接当老板不就好了吗？"那到底该如何循序渐进地推进这第三条道路，成为超级个体呢？个人能力晋升的途径又有哪些呢？

23. 董秘从业者超级个体之路

23.1 超级个体之思维模型

超级个体并不是泛泛而谈、面面俱到，那是不现实的，我们仍然需要一个专业的立足点，例如擅长对规则的理解使用、文字传情、金融分析等，我们以这个点做为抓手，通过一万小时定律的磨砺成为这方面的专家。当然这种磨砺不是简单重复形成肌肉记忆，而是形成自己的一套方法论和知识库，树立起他人对你专业能力的绝对信任。在此基础之上延展其他知识，在头脑

图 23-1 徐大维先生的著作《超级个体：打造你的多维竞争力》

注：上一次介绍如何管理团队的参考书《当责》，这次推荐从打造自身多维竞争力为切入点的徐大维的著作《超级个体：打造你的多维竞争力》，通过诸多职场案例来阐述做事、为人、成自己的不同提升之道。

中准备足够丰富的模型和框架，这些模型是对某些事物的抽象和提炼，形成知识格栅，在不同的场景中可以通过模型框架组合融会贯通，这就是查理·芒格所提的知识格栅思维模型；同时我们还要强化表现力、社交力等协作所需要的能力，提升领导力、共情力来影响组织领导效率。

23.2　超级个体之事业规划

我们不得不承认当我们初入职场或者来到一个新的工作岗位时往往就是块干电池，但这不是被锁定的宿命。我们可以先成为掌握方法论的专家级充电电池，成为超级执行者；然后我们再进化为能够根据自己的知识格栅提供不同问题解决方案的即插即用移动电源，成为有效管理者；最后通过领导力、影响力的提升，吸引更多的人加入合作，成为一台能够提供能量并可以为他人充电的发电机，成为卓越领导者。

这离不开一个合适的自我事业规划模型，我把它称之为"做三年，看五年，想十年"，具体来说：

首先，吃着碗里的，做三年的短期计划。明确自己的定位，知道自己当前要做和要成长的是什么，这需要梳理自己的能力清单，通过三叶草模型来对标职责要求，有的放矢提升自我。

其次，看着锅里的，看五年的中期规划。明确自己下一步的职业规划，找准自己想要成为的人，投名师访高友，了解这是否是自己未来想要的，通过胜任力准备度模型来衡量自己是否具有可以胜任更高岗位或其他工作的能力。

最后，想着田里的，想十年的长期规划。要对自己所在职业，如董秘职业的来源、发展、进阶、去向掌握全景图，通过调查研究、标杆访谈的方法画出全景地图，并给自己找到节奏，一步一个脚印沿着地图的道路前行，知道哪里是沟壑山谷需要稳步攻坚，哪里是高速公路可以加油快跑。

23.3　超级个体之提升渠道

那提升自我的渠道是什么呢？经验累积、刻意练习、知识复盘、参加培训、交流互通等方式都可以实现自我的修炼提升。其中参加培训无疑是最直接快速的途径，可以将一部分成功的经验、专业的技能知识快速的内化吸收，我们看一下董秘团队参加培训的情况，其频次和途径分别如图 23-2 和图 23-3 所示。

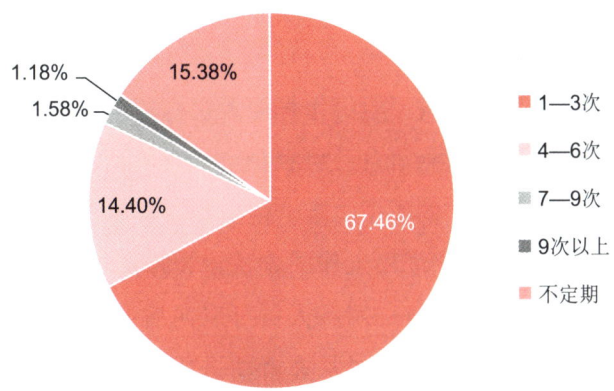

图 23-2 受访董秘团队成员培训频次

数据来源：《A 股上市公司董秘团队工作白皮书》。

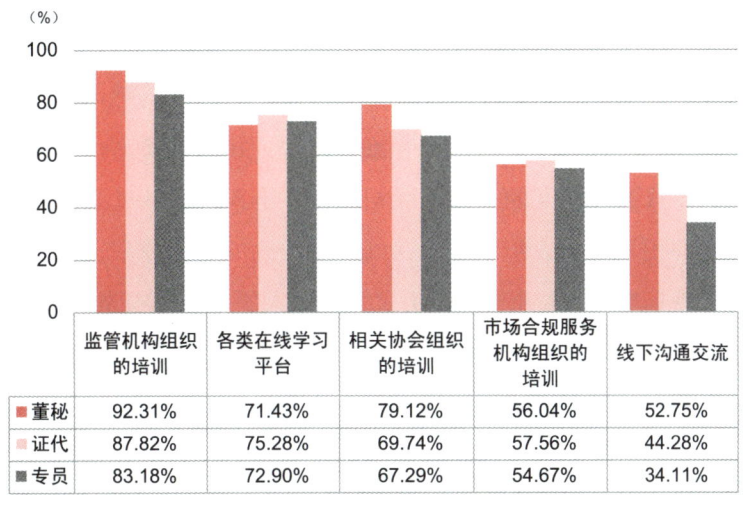

图 23-3 受访董秘团队成员培训途径

数据来源：《A 股上市公司董秘团队工作白皮书》。

可喜的是我们可以看到，近些年来董秘团队成员接受培训的频度在不断提升，88.02%受访董办人员表示每年都会参加业务培训；67.46%受访董办人员表示每年参加1—3次业务培训，有17.16%人员每年参加3次以上的业务培训。

但我们看一下接受培训的途径当中，资源分配明显更倾向于董秘，在相对效果最好的线下沟通交流中，核心的资源倾向了董秘，半数以上的证代、专员没有参与线下沟通培训的机会。统计显示培训的内容在监管机构组织培训中基本实现了全覆盖，在线平台、市场服务机构的培训占比同监管培训差别很大。如前文所述，监管培训往往涉及核心法规解读、公司治理、信息披露法规的宣贯，是我们工作的重中之重，但主要停留在"器物"层面，主要是工具和规则的指导，关于董秘工作的方法论、除法规之外的管理工具与机制的分享等涉及的较少。董秘团队人员可以向培训提出方提出诉求，使得培训提供方可以有的放矢地提供从业者精进所需的课程，提升整体的行业能力。

其实我们的董秘、证代社群可以自发组织起来进行探讨和学习。私人董事会是近几年企业高管之间开展深度交流、深度学习、深度社交的形式，在轻松愉悦的氛围中各自化身成为彼此公司的"虚拟董事"，直面和解析当下最真实的创业痛点，为彼此出谋划策、排忧解难，已经成为继EMBA，富豪俱乐部之后的第三种企业经营者沟通交流的平台。我们董秘证代圈子未尝不可以通过这种模式进行深度的交流，互相提升。本人就尝试成立了属于董秘从业者的"思享汇"平台，组织了多次线下、线上的交流分享，通过沉浸式的课程体验和现场交流、输出成果的方式，对个人提升卓有成效。

如图23-4所示，在思享汇交流中，董秘从业者可以快速地对撞思维的火花；将工作中的问题带到交流中，可以快速得到别人的建议；或者是将不同的思路及方案进行交换，也可以快速地提升认知和方案解决能力；还能够通过交流结实一帮志同道合的同行，这也是我们在职业道路上的好伙伴，可以互相借鉴经验，互相提供信息，互相成为各自提升的资源。这也是一个很好的个人投资，希望更多的小伙伴们能加入我们。

图 23 – 4　思享汇线下交流活动

24. 董秘从业者的供给侧结构性改革

在职场上，很多人有一个误区，认为当领导、升值、加薪是对一个人工作表现或专业能力的肯定，就像我们小学当班长那一样，是对好孩子的一个奖励。其实我们在职场上干了这么多年之后，会发现不是这个样子，站在工作单位上级的角度，往往只会给一种人升职，就是他可以让周围的协作者放心，不见得他自己的工作能力有多强，但是他已经有能力把一个复杂系统，包括各种不确定性，封装成一个简单的工作界面了。

这和个体的技能不完全是一回事，例如我们董秘这个行当，每个董秘都有自己专长的领域，不可能对合规、信披、资本运作、投关、战略样样精通，但董秘的工作模型和架构又要求不能有短板或缺陷，这就典型陷入了一个全能陷阱当中。毕竟董秘是个团队作战的组织，我们之前所说的打造超级个体也是指打造一专多能零缺的领导者。

毕竟我们可以通过招募有别的专长的团队成员或者通过律师、投行、分析师、会计师、咨询顾问等外部资源补足短板，提出解决方案的能力决定了一个董秘从业者的职场高度。

从需求端来看，我们可以关注自己所在的公司关注什么，或者在跳槽时调查好对方公司老板关注什么。有的大型国有上市公司关注的合规属性，对董秘的要求是工作细致、程序正当，这就需要有良好的法律专业知识和沉潜静笃的做事风格；有的公司在拟上市过程中，当前发审关注以财务为主、法务为辅，对董秘的要求是有财务或法务的知识背景，有良好的中介资源并能做大量的协调与配合工作能力；有的上市公司老板想将市值做一个提升，那便需要对行业有深度见解，能够挖掘输出公司估值模型和投资价值，在买方、卖方都有资源可以调度的董秘；有的上市公司处于转型期，想通过并购重组来进一步提升公司的营收规模和利润水平，此时便需要一个熟悉金融政策、

24. 董秘从业者的供给侧结构性改革

产业逻辑，具备良好的项目管理能力，能够获取并购标的资源，协调投行、评估等中介机构关系的董秘了……

我们可以根据需求方的要求来调整自己的专攻方向，迎合需求方的要求。但我们可以从另外一个角度考虑这个供需关系，一味满足需求端也会导致我们自己的发展受限，甚至会在有限的需求资源中形成内卷，同质化的竞争日趋激烈。我们不妨从另一端来思考，那便是我们作为这个市场的供给侧如何优化自身的结构性优势，从强化自身角度提升自己的价值。

25. 董秘从业者的进阶升级之路

我们来看一下董秘从业人员他进阶之路是什么样的，我们可以把它简单分为青铜、白银、黄金和王者四个段位，如图 25-1 所示。

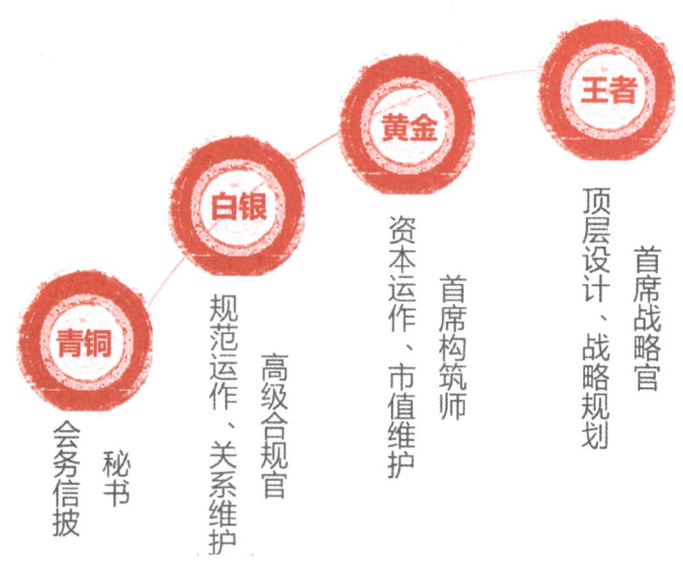

图 25-1　董秘从业者的进阶之路

青铜级的董秘从业者我们称之为秘书，主要做的是"三会"治理和信息披露的工作，这也是我们企业投资价值的基础，薪酬我们就可以看到在 10 万—20 万元之间的水平。

白银级董秘从业者我们称之为高级合规官，可以承担起公司的规范运作体系构建和对公共关系维护的工作范畴，这个时候我们在原有的秘书工作经验、知识及价值之上，又把公司的合规价值体现了出来，薪酬大概是 30 万—50 万元的量级了。

再往后是黄金级的董秘从业者，我们叫做首席架构师，这个时候就开始负责公司资本运作，开展公司的市值维护，主导投资者关系的管理，通过再融资、投资、并购、重组、战略投资者引进等方式重构公司的产业投资价值，为产业注入资本、优化结构、引入发展的新动能，黄金段位董秘从业者的薪酬大部分在 50 万—100 万元，甚至是争取到 200 万元的也有。

再往后便是王者董秘，我们称之为首席战略官，他们在上述工作的基础之上还要做公司股东结构、战略投资者角色配置、治理架构与公司管理逻辑搭建等顶层设计工作，并以公司的实际情况出发研判公司发展路径、关键任务、创新焦点的等战略规划并对战略执行管理开展评价。战略这一块的话，大家会觉得相对遥远一些，我们会在后面的文章中讲如何将时下最受关注的战略思维、分析工具和管理模型导入我们董秘工作当中。真正能做到战略这一层级的董秘，基本上年薪百万级别起步，甚至五百万量级也是存在的。

供需关系思维我们可以在两个维度综合考虑，但是不能陷入过度关注需求者表层需求的幸存者偏差当中。亨利·福特说过："如果你问你的顾客需要什么，他们会说需要一辆更快的马车……因为用户在看到汽车之前根本不会想到还有比马车更好的交通工具。"只关注需求容易迷失自我而跳进过份内卷的简单竞争当中，不妨升维思考如何在供给侧强化自身的能力，关注自我的精进和提升董秘的方案解决能力，从实质上提升自我的价值。

26. 浅谈董秘从业者职业发展

每当到了四五月份,董秘行业就进入了招聘旺季,跳槽热度不减,不少朋友在每年这个时段总希望我多转发一些招聘信息,也希望我能给一些跳槽的建议,还有不少朋友跟我反馈了领导与下属的矛盾问题。

对于这两个问题,说实话我提供不了太多具体化的建议,就谈一下自己对职业发展的所思所想和亲身经历吧。

知识掌握+经验沉淀+思维构建=董秘职业发展三要素

我始终认为董秘从来都不是一蹴而就、一步到位就能成为金牌董秘的,从培养的规律来看,一般来说一个职业化董秘的培养路线大概要 **3—5 年专员+3—5 年证代/投关经理从业经历**,当然财务、金融、投行、投资等交叉的行业经验在部分公司也是认可的,但至少得有 10 年左右相关行业经验的积淀,这句话一出一定会有很多同学提出反例,现实中也确实有难得的人才或者难得的机遇而出现的特殊案例,我只能从一般规律来分析。

我认为董秘职业进阶需要**关键知识的掌握+行业经验的沉淀+思维能力的构建**。这三个要素缺一不可,这些要素不是通过几次跳槽就能实现的,更多是在日常的工作沉淀、不断学习和反复思考中获取的。

只强调经验而忽视知识和思维能力构建,就如同古代行万里路的艄公、驿卒,见过无数风景、大好河山,却成为不了徐霞客。当然只强调知识和思维能力,却缺乏实战经验的话,那便是纸上谈兵的赵括。

因此,**掌握核心知识并经历了一万小时定律成为这个领域的专家后,再总结出自己的一套管理思维,才是成为一个高手的必由之路**。我是这么想的,也是这么做的。

近期我在与同行的交流中遇到了两种截然不同的观点,一种是不少人找我投诉,说我写的文章做的课程不接地气,讲些思维架构、管理模型,让手下的年轻人都不踏实了，在误导年轻人不踏实干活；另一种观点是抱怨我写的文章绵软无力，没有正面当前的突出问题——年轻人被公司压抑太久，公司不给成长空间，被完全当成了工具人在使用，希望通过跳槽实现职业跃升或改变现状……

这两种截然相反的观点曾让我非常迷茫，我经常在反思我写的东西是不是真的符合董秘从业者的诉求，后来我想明白了，所谓一千个观众眼中有一千个哈姆雷特，人在不同年龄阶段、职级位阶、行业背景下都会有不同的观点，但是**关键知识的掌握＋行业经验的沉淀＋思维能力的构建这三个董秘从业者的职业精进要素**，在每个职业阶段都可以作为衡量自己、下属、领导的尺度。

对于想要改变现状者，当你这三个要素都具备了下一位阶所需要的高度，而且自身所处环境把再向上的高度封死时，也就是当前的环境不能满足自己的能量释放时，可以选择跳槽；如果还未到火候，找到当前这三个要素的短板，有针对性地踏实沉淀、强化能力未尝不是更好的选择。

作为领导在培养下属时也建议**用这三个尺度来衡量目前的培养方案是否综合考虑了一个人的成长需求**，当只强调专业知识、行业经验这些要素时，确实很容易让下属产生自己只是一个工具人的想法，从而矛盾激化，下属离开，造成传承断档，又要重新培养新人，也挡住了自己的进阶脚步。

当然我很清楚上述的矛盾是一个不可调和的问题，也是一个没有标准答案的问题，不是一两句话，一两篇文章，几次课程可以解决的，这也是由这个行业的供需关系决定的。

董秘职业可以说积压了很多人才，我们从供需关系上来看一下——目前A股一共接近 5000 家上市公司，其中还以中小规模的上市公司为主，**存量有 2 万—3 万名上市公司董秘从业者（含董秘、证代、IR 经理、助理等）**，而董秘岗位每家上市公司只有一个，即使我们算上 IPO 报会阶段的公司，董秘岗位也就是 5000 多个，这其中还有一大部分是财务总监兼任的。

目前看上市公司存量的具备 10 年左右从业经验的资深证代、IR 经理也有 5000 人左右，可以说董秘岗位的实际需求量是远远小于人才供给量的，如果再考虑上市公司外围熟悉董秘业务的投行、律师、会计师、咨询机构等想要转行到董秘的人才，这个竞争格局更为激烈，上述的矛盾也会日趋的激化。

当然，当上了董秘也不是一个人的职业的终点，更是一个职业发展的起点，**以董秘职业为起点可以走向企业核心高管、IPO职业董秘、资源协调和私募投资、专业咨询或服务机构等若干职业方向，绽放更多精彩。**

对我而言，在我之前刚履新董秘时，我最迫切的需求是培养能够承接自己部分或全部职责的继任者，能让我可以在一段时间后放心授权工作直至完全交接岗位，以让我腾出精力与时间实现更高的职业和人生价值，岂不美哉！

27. 一个非典型董秘的进阶故事

我是个比较保守的人，之前不少人想让我说一下所谓的成功职业经历，这个话题没有标准答案，每个人有每个人的职业路径和所处环境，我一直在一家企业里实现内生式的成长。也许是山东人骨子里的顽固不化，固执的认为薪酬提升和岗位的晋升，跳槽不是终极解决方案，**核心还是需要关键知识的掌握＋行业经验的沉淀＋思维能力的构建**，跳槽和在一个公司里扎根发展，都只是路径，而不是解决方案，能够给目前的单位或者是跳槽的单位**解决眼前问题，是提升价值的关键。**

职场开始的3—5年确实很艰辛，我2014年研究生毕业加入我所在大厂的工资是五千多块一个月，前三年薪酬都没有本质性变化，经历了总部裁员、领导切换、部门重构等，虽然完成了活下来的阶段，也成为了公司可以培养信任的小领导，但却过得随波逐流，每天沉浸在成堆的公告当中，得过且过，直到有一天，一个声音传来：

我不干了！

2017年的盛夏，助理的一句话让我内心降到了冰点。

"干这行太累了，每天都在重复加班码公告、接电话挨骂，也没啥成就感……"还没等着我开口，小姑娘连珠炮似的抱怨着种种委屈。

我打断她，耐心地说道：**"前途是光明的，道路是曲折的，董秘这条路是需要慢慢积累的……"**

"你还好意思说！你好好看看你自己吧，干了这些年就挣那么点钱，也就是个小主管，再看看你上面多少领导职业稳定，有个什么出路？看看别人家……"小姑娘再也控制不住，歇斯底里地宣泄着情绪，看得出小姑娘积怨已久，去意已决，我索性不再接话，任她去吧。

小姑娘义无反顾地走了，我却陷入了失落：一方面，我自认为全心全意地带领着这个小团队做好本职工作，手把手地教给她规则体系、信披要点，想要把团队能力构建起来，她的离职让一切归零。另一方面，看看自己的熊样，当时的我确实只是个小主管，没什么话语权，虽然每天兢兢业业，却仍在基层趴着，怎么给下属希望呢？

这个囚徒困境的故事，也许我们都经历过，或许是那个忍无可忍跳槽转行的小姑娘，或者是那个唯唯诺诺坚守岗位的老董秘/证代，这仿佛成为了一个死局。

虽然，我最后坚持留在这家公司，但这期间我不是没想过离开，也尝试过跳槽，谈过很多家，有中介机构开到了我当时两倍多工资的水平，但冷静下来分析，自己那个阶段即使离开了，也是做一个基础性的执行工作，前些年的积累仿佛没有得到真正的释放。

于是我选择了留在这里，开始从两个方向努力：

一个方向是深度。 自己的本职工作是信披合规，我从**上市公司相关的法律规则进行着手钻研**，整理了一套的法律文件汇编、工作手册、审核地图的工作方法，复盘之前的内外部案例并通过解答别人的问题提升自己的方案解决能力，让自己对一些事项判断形成肌肉记忆，通过对不同规则融会贯通的理解，提高专业敏感度。

当公司有相关项目时我也会很耐心地了解、跟进项目，从头协助设计合规方案，在法律允许范围内利用规则对公司有利的一面，也因此很早介入了很多的并购、重组、资本运作等事项。

另一个方向是广度。 在自己本职工作的基础上做一些"无用功"，我去**学习业务、财务、金融、人力、管理、战略的知识，甚至对生产、制造、工艺、技术、物理、化学等知识也去涉猎**，来构建多元思维模型。另外，我经常去各个部门串门，**借着合规信披的理由去要人家工作的流程、案例、方法，了解其他部门的辛酸苦楚和利益诉求**，也因此形成了同理心，在看待问题时从自己、从对方、从公司整体去思考，找到大家利益的共同点，然后去推进工作。借着之前的专业能力，别人也越来越信任我，在公司各个部门中也愿意相信我，成为了公司信息的重要节点和中转站。

实现岗位薪酬的实质性飞跃是在2018年，工作了四年的时候，通过之前的积累慢慢获得了认可，也有一个机遇点就是之前的董办主任离职了，新的董办主任是财务、投关方向的领导，对这块业务不熟，需要我做的更多，但我也时刻提醒自己注意职责权限边界，我会把问题和相应的解决方案整理好跟领导汇报，重要节点与领导同步信息，保障领导们对各项工作进展心里有数。

于是我便在领导的授权范围内主动做一些**"无关的事情"**。开始是小的项目，后来是全集团的内控风险排查项目，由我来主导，因为方案得当、协调合理，得到公司各方面的认可后，又去主导了长期激励、并购重组、发行股份购买资产、重大关联交易等项目，这些项目完成后再通过复盘反思其中遇到的问题，优化相应的流程，匹配各方资源，形成自己的管理理念和工作方案，这些工作方法和项目案例得到公司领导同事的肯定和支持，实现了内部认可的循环。

在这期间我觉得这些理念值得输出，就去写文章、做培训，开始也就是几个朋友间的小范围讨论，再到后来输出一些属于大家关注热点的专题课程，例如2020年的《股东减持管理和税筹》课程就连续推出了六场，每场放出的名额都在1小时内抢完，慢慢获得同行和机构的认可，我便在2020年年底开始了"董秘宝典"这个专栏，**通过长篇连载的形式将自己研究开发的董秘管理理念、方法、模型、工具进行系统的介绍，借此形成了外部认可的循环。**

两个认可循环互相促进，让自己也更加努力不辜负他人认可，推动自己不断地吸收学习知识并转化到自己的工作当中，并外化成一套体系。

人生很精彩，人生很漫长，一时快慢不一定是一世。我这个人不擅长做选择和投资，而且我不是个会止损的人，买股票总是被深套的那种，所以索性就长线投资看好的股票或者基金。同样，面对工作、面对感情我就只会坚守，与大学的初恋结婚生孩子，在工作上在一个集团体系中8年不变，最后归因应该是我运气比较好吧，遇到了对的人和对的企业，让我7年走完了助理到董秘的道路。

  这就是我的职业经历，说实话平淡无奇，也有太多的运气成分，对于我这种选择困难者，**笨笨地坚持着自己觉得对的方向，把长期主义当作自己的救命稻草也是一种生存策略吧**。

28. 一个典型董秘家属的心声

每个董秘从业者身后都有家属的支持，正是在他们的支持下让我们坦然面对枯燥且艰辛的工作，愿意承担更多的委屈和责任，我就借着夫人的笔触，聆听一下典型董办家属的心声。

选择成为董办人的家属就是选择了理解与支持——题记

他是个简单得像个孩子的人，会因为对工作的一点点优化高兴得手舞足蹈，会因为偶尔迸发出的想法兴奋地拉着我滔滔不绝，当2013年年底他通过校招成为某大厂董办的信息披露专员时，他激动地第一时间把他的录用通知书炫耀给我看，给我憧憬着在董秘岗位路径上成长、成家、成就的一幅幅画面，看着他傻傻的笑容，我也情不自禁地融入到他描述的场景中。

当他真正开启董办职业生涯之时却不怎么浪漫，开始实习后便遇到了年报发布、战略升级和股权融资项目扎堆而来，他们为了公告中几个字的表述反复求索到晕眩，将年报管理层讨论与分析读稿调整几十遍到呕吐，一批批投资人拜访、接待和尽调让他们寝食难安，在日以继夜的法律梳理、文字编辑、沟通协调、迎来送往之中，他也心生懈怠，抱怨这与职场剧中的商战汹涌、时尚光鲜差之千里，我也和他一样不免质疑这难道就是所谓的董秘之路吗？

但当年报和战略转型的公告披露后，他看到了发布会上董秘和高管们向投资人、媒体神采奕奕地描绘公司发展前景，逻辑清晰地解答问题的场景；当再融资项目完成募集发行后，他看到了公司上下因为募集了充足资金投建新项目时的欢欣鼓舞……彼时，他说他不再抱怨质疑了，他看到了董秘的价值不是所谓的高薪职业，不是所谓的高管虚职，不是传闻中的风光无两，而是实实在在的为公司分享价值、传递价值、生成价值的那个人。自此之后他那傻傻的笑容又回来了，面对那些繁琐的工作时热情依旧，也许是他找到了心中的那个董秘该有的样子。

他也是一个极易被他人影响的人，会因为有朋友的误解而郁郁寡欢，会因为自己的处事不当或工作失误而懊恼到捶胸顿足，因此他对自己的要求更加苛刻。记得一年端午假期，也是他的生日，我们回了老家。十几年在外求学工作使得家人无法为他庆生，为此他妈妈特意邀请亲戚朋友为他摆了生日宴席。但此时他们公司推进了一个重大交易，为此假期里他晚上熬夜在设计交易方案、编写议案和公告文件，白天在陪我和家人游玩时也在不停地与项目组进行沟通，生日宴席即将开始时项目组临时开起了电话会，他没有推辞，独自离开酒桌，留下满桌的亲朋好友，当他会议结束并调整完方案后，时间已经来到了晚上九点半，他只得一个个向宾客们赔酒道歉。他妈妈半是抱怨半是心疼地问他："明明是假期，明明是你有事情，为啥你就不肯把工作放一放呢？"他陪笑道："谁让我的事情不如公司的事情重要呢？"彼时我也不理解他，没有你，你们那么大个公司还能转不下去了？但当他连续四年在公司加班中度过自己生日，在我们婚礼上他依旧在准备议案，在我生完孩子第二天便被公司召回推进重组项目后，我竟慢慢相信了，也许，他这个小角色还真是公司难以离开的齿轮……

不少朋友会问我，他平时是怎么管理时间的？我只想说：呵呵……他是个不会用巧劲的愚笨之人。平时我们每天的对话场景如下，我问他：忙吗？他的"还好"就是从早9点工作到晚7、8点，"有点忙"就是从早9点工作到晚10点，"忙"就是从早9点工作到凌晨2点以后。这是在公司时间，还不包括在家办公的时候，至于周末节假日基本就是在家办公、写材料或者做做课程。他的典型24小时行程是这样的：晚上陪我和孩子度过儿童节后，他搭上最晚一班航班前往北京，凌晨三点到达酒店后调整路演方案，四点半优化完成，早十点拜访投资人，中午在去天津的高铁上赶写董秘宝典的稿子，到天津后在去拜访股东的路上进行一次电话路演，然后分别与两位股东沟通重组方案，当晚从天津赶回北京，准备第二天的投资人交流……

我也会问他，你这样累不累，他说这份工作就是如此，忙碌充实又充满挑战，也许就是他的简单让他心无旁骛地坚守着董办这一份工作，他对自己的苛刻让他不断探索更优的管理方案，他的愚笨让他用七年的时间积累了我十五年也无法获取的经验，他让我相信了一分耕耘一分收获，这也许就是董办人共性吧。

选择成为董办人的家属就是选择了理解与支持，也许我们无法为董办人分担工作，但我们理解董办人的心酸、委屈、不易，我们为家庭承担起更多责任来支持董办人的事业发展，我们相信董办人采的百花成蜜后，为家辛苦为家甜。

加油，追梦的董办人！

第五部分

董秘从业者的领导力塑造

上一个部分我们探讨了董秘职业的发展规划与精进,我们提到了掌握核心知识并经历了一万小时定律成为这个领域的专家后,同时总结出自己的一套管理思维,是成为一个董秘职业高手的必由之路,也分享了自己的职业经历,不少朋友还是比较关注我从执行工作到管理工作的一跃是如何实现的,想让我提一下如何提升管理能力和水平。

这是一个很宏大的命题,很难用一两篇文章讲明白所有的管理方法和实用工具,但在具体方法之上,我们需要塑造属于董秘从业者自身的领导力模式来驾驭和运用不用的管理方法,我们接下来就探讨一下如何塑造这种领导力。

29. 何谓领导者与领导力

一提到领导力这个词很多朋友可能会觉得很大很飘渺，我尽量用一些实践可以落地的方式给阐述一下。正式讨论前，我们先看一下什么是领导和领导力。

领导者从来都不是天生的，我们可能因为在董秘团队中学历高、资格老而升任，也可能因为金融、法律、财务专业能力突出，有着出色的信息披露、资本运作或分析研判的业务能力而升任。需要强调的是，升任后，领导者不再是技术专家或顾问，也不能靠自己的专业能力条件独善其身，而必须扮演领导者的角色。换句话说，担任领导的原因并不能保证其胜任领导的职务与工作，这就是为什么大多数的优秀业务骨干在升任领导后，不能适应角色及任务的原因。

我们经常用两句话说明一个执行者到领导者转换的时候出现的问题，第一句话是"**你过去成功的经验，可能会是你走向失败的必然路径。**"举例来说，有信披专员朋友过去做信息披露业务很熟练了，当升任为证代或者业务经理后，结果还是像个体户一样自己全力以赴地码字写公告，让新人却没有职责代入感，导致自己很累，下属也不满意。

第二句是"**我们总是用战术上的勤奋来弥补自己战略上的懒惰。**"例如我们常见的一种情况就是证代升任董秘后，仿佛还在原本的能力圈里面努力，继续强化信息披露的质量和优化"三会"管理工作，勤奋地带领着整个团队加班做很多工作，占用大量的精力，努力到感动自己。但仿佛这只是从战术上的一种勤奋，冷静下来看其实我们会发现这种努力仿佛是机制上没有理顺清楚，不停在重复同样的错误。同时除了上述的信披"三会"外，新任董秘对股权优化、投资者关系提升、资本运作策划等未有所动，在内外部因素下新任董秘成了大证代⋯⋯

再来说一下领导力，领导力是号令组织成员行动与全力以赴的技能，是能够让别人心甘情愿地完成目标的能力。这种能力是影响力，而非操纵力、控制力。任何人都可以使用领导力，只要你能对其发生影响，你就可能是领导。

我简单讲一下自己的案例，2018年的时候，当时我的职务是规范运作主任专员，一个经理级的职务，当年公司被监管机构的双随机检查抽中，在迎接正式检查前我希望将公司的规范运作风险情况做一个摸底，就跟领导说想做一个规范运作的风险自查项目，当我们将这个是事项汇报给公司高层领导时，高层领导的意见是既然要做风险的自查，就不要这么小打小闹，要做整个集团体系内的风险排查。

除了我们董办负责的规范运作风险外，还包含财务部门负责的账务管理、内控建设，法务部门的合同、诉讼及商标、专利风险，人事部门的用工风险，以及质量、安全、环保、海关等方方面面的事项，我们知道这些事项显然不可能是董办一个部门可以完成的。

接到领导意见后，我们便拉上相关业务部门的领导同事探讨风险自查方案。本来我们希望作为一个参与方跟着其他部门去做检查，但由于我们最早向领导报的风险自查的建议，而且也适逢监管机构的检查董办是对口部门，我们变成了这个项目的牵头部门，我也被安排成了项目的协调人。但在这么多的业务部门组成的风险自查项目组里面，我年龄和职位基本上是最小的，当让我去协调这么一个团队和项目时我心里也是打鼓的。最终，我跟项目组同事一起研究并且共同输出了一系列的管理方案：设计问题核查清单、建立风险评价及分类管理体系、共同制定风险整改方案、生成风险评估报告，让风险自查的计划变得立体可执行，尤其是将非财务类风险制定了专门的评价机制——RPN分级系数，并根据不同的风险评级制定了分级管理和整改的工作方法。项目组对我们提出的这套方案表示认可，我们也提前做好协调和沟通工作，告知检查出风险不影响考核，做得好的风险管理事项还会作为标杆案例在全集团进行宣传，以此让各产业各部门负责同事放下戒备，让整个项目顺利的推进下来，及时整改了相关风险，让公司顺利通过了监管机构的检查。通过这次风险自查，我们创制了一系列风险管理机制，也成为了公司日常风险管理的重要组成部分。

通过这个项目，公司的领导和同事认可了我，也锻炼了我的领导力，让我更有信心向管理岗迈步努力，可以说正是此项目让我体验到了领导力对一个人进步的支持作用。

结合这个案例，我们会发现领导力不一定取决于职务上的领导，可以分为三个部分组成：

其一，组织所赋予的职位权力，包含法定权（职位所赋予的法定权力）、惩罚权和奖赏权。我们看上面那个案例，领导授权我作为项目的协调人便是组织赋予的职位权，但也是最容易被挑战的。

其二，领导者的威信力，可理解为是威望+信誉。威望即专业特长和成功经历，信誉即品德修养的核心体现。在上面案例里，威信力来源于我们对执行方案专业化的设计，并部署开发了非财务类风险 RPN 分级系数，使得项目组成员认可了我的专业性和统筹能力。

其三，领导者的激励能力，即激发人的内在动机，调动人的积极性，这是领导力的关键所在。在上述案例中我们可以发现，做风险自查就是一个纠错的事项，是违背趋利避害的基本人性的。我们一方面安抚并承诺不影响考核来让核查对象放下戒心，另一方面通过风险检查找到好的风险管理案例，在集团体系内予以宣传和表扬，用正向激励的方式来激发大家对风险管理的积极性，以此来提升风险自查的执行力度和整改落地。

相信结合案例解释领导和领导力，大家也就不觉得它是非常飘渺的存在，而是切实存在我们身边，运用得当可以提升工作执行效率、支持自身事业发展。但董秘从业者的领导力要从哪些方面着手？如何妥善运用各种领导方式？

熟悉我的朋友都知道我在讲董秘的管理机制、工具和方法的时候，大部分依托西方现代管理学理论和企业管理实践而二次开发或者借鉴使用的管理工具和机制。回到领导力构建这个框架上，我认为中华文明五千年的历史传承生生不息，构建了几千年中央集权、高效治理的国家领导机制和文化，因此我还是比较推崇中国的古典思维框架。

> 形而上者谓之道，形而下者谓之器。
>
> ——《易经·系辞》

"形而上者"指用思维去认知世间万物的方式，也就是本源性的"思考"；"形而下者"是指具体的、看得见、摸得着的世间万物的表层的相。这是古典的辩证法，表明了指导思想与实施方法的辩证统一，我们既要有明确的认知观念、专业知识，也要有可以认识、执行这些理念和知识的工具。

董秘的常用工具如**价值法库、易董信披合规管理**等便是一种良好的"器"。我们进一步展开，借用道法术器势的中国古典智慧来理清楚董秘从业人员的领导力模型。

30. 董秘领导力之"道"

道生一，一生二，二生三，三生万物。

——《道德经》

道以明向，人道仁义礼智信，天道物竞天择，适者生存，商道的根本在于诚信的积累。道乃规律、理念、信念、文化根基。用最通俗的话来说，**道就是常识**，一些我们公认为正确的事情。诚如管理大师彼得·德鲁克所言：管理是把事情做正确，领导是做正确事情。"道"回答的就是"什么是正确的事"；"法、术、势"则告诉管理者如何把事情做正确。

对于我们董秘行业来说，在开展工作时首先要认知何为道，何为正确的事情，按照我们所在企业的愿景、使命、价值观和企业经营、资本市场管理的常识来布局谋划，而不是追赶什么"速效成功"的潮流。

例如近期备受关注的**"伪市值管理"风波，用炒资金盘的方式速效实施"市值提升"，最终落得一地鸡毛**。再如那些忽悠式重组、抽屉协议、业务造假等方式，也许可以把这个公司的业绩短暂做得非常好看，很快让公司市值提升，但长期来看泡沫破裂后，无异为饮鸩止渴。

当然很多人会说我这是马后炮，作为董秘做市值管理就是要撑死胆大的，饿死胆小的，但在当前大数据的环境之下，这些所谓速效成功之法在监管机构、媒体对上市公司以信息披露为抓手的监管之下难以遁形，最终不仅让企业信誉全无，也让我们董秘从业者职业生涯蒙羞，难以在这个信誉为基础的行业中立足。**请别让我们的技巧胜过品德！**

回到我们的日常管理中，相信经过了多年的董秘职业生涯的磨砺，我们掌握的技巧和方法越来越多，能够施展拳脚的地方也越来越多，但是在领导一个团队、开展一个项目时，还要从常识出发。英国哲学家以赛亚·柏林对常识有个经典的结论：**什么叫常识？常识是某种自发单纯而未被理论染污的**

东西，经得住时间的考验，不需要用理论来包装，不需要使劲地说服。

1812年拿破仑一意孤行，强攻俄罗斯却大败而归，自此拿破仑王朝由盛转衰。如果彼时我们是拿破仑，有人提议要去攻打俄罗斯，常识告诉我们这一路上补给线过长，没有足够的粮食，没有冬天御寒的衣物和设备，这场仗肯定没有什么胜算。但拿破仑却被自己的强大冲昏到失去了用常识、用理性做出判断的能力，最终落得惨败。

但就是这种常识，往往成为高层领导者容易忽视的地方。拿破仑式的惨败一次次重演，第二次世界大战时德国沿着拿破仑走过失败的道路继续选择进攻苏联，加速其灭亡；美国一意孤行发动越南战争，这与美国的整体利益相比也无足轻重，却因为领导者对意识形态的偏执而导致其国力受损。当领导者丧失了决策的灵活度，一门心思变得越来越强硬的时候，我们的战略就会失灵，然后失去常识，最后犯下巨大的错误。德国哲学家黑格尔有言："**人类唯一能从历史中吸取的教训就是，人类从来都不会从历史中吸取教训。**"这句话不禁让人感慨万千。

2006年，段永平花了62.01万美元，成为第一位与巴菲特进餐的华人。那次和巴菲特的进餐，段永平就带上了当时才20岁出头籍籍无名的黄峥。很多人好奇，价值60万美元的饭，对他影响有多大？有没有什么财富的秘密、成功的诀窍？黄峥却说："**这顿饭最大的意义可能让我意识到简单和常识的力量。我发现巴菲特讲的东西其实特别简单，连我母亲都能听懂。**"

也许是巴菲特的简单启发了黄峥，其创业之路始终伴随着常识这一条主线。在工人家庭长大的黄峥，从小经历父母精打细算的生活，在创业时一直都记着他爸妈这样的普通家庭是怎么思考、怎么生活的。黄峥认为消费升级不是让上海人去过巴黎人的生活，而是让安徽安庆的人有厨纸用，有好水果吃。正是如此，黄峥创建的拼多多为中国数以亿计的普通民众提供便捷实惠购物渠道，取得了巨大的商业成功。

有人问黄峥，拼多多低价策略何时失效？黄峥没有生气，反而说："我们吸引的是追求高性价比的人群，他会买一个爱马仕的包，也会用9.9元买一箱芒果，这与他的消费能力没有关系。在消费这件事上，所有人都一样，不论有钱还是没钱，实惠是一个普遍需求，这是一个常识。"我的母亲就是一个拼多多重度用户，当时我也曾对其存在偏见，但当我第一次使用时便一口气下了 30 多单……诚如黄峥所言，追求实惠是普遍的需求，坚守这个常识的拼多多成功也是必然的。**截至 2021 年 3 月 31 日，拼多多平台年活跃买家数达 8.238 亿，问鼎中国用户规模最大的电商平台。**

这个世界懂得常识的人很多，践行常识的人太少，追求实惠我们都知道，却很难从实惠中实现创业。正如杰克韦尔奇留下的一句箴言："你们知道了，而我们做到了。"对于董秘职业者来讲，在做具体工作时希望也要从常识出发，道以明向，举例来说布局市值管理工作时其实也可以从常识出发谋划：

专栏 30-1　　用常识规划市值管理工作

一提到市值管理这个概念，很多人会感到无比神秘，甚至近期因为一些风波让市值管理成了一个灰色词汇，但是我们回到市值管理初衷，会发现是监管机构所倡导的，市值管理的雏形是源于股权分置改革的历史背景，**股权分置改革是通过非流通股股东和流通股股东之间的利益平衡协商机制消除 A 股市场股份转让制度性差异的过程**，是为非流通股可以上市交易作出的制度安排（股权分置改革是个非常复杂的工程，篇幅所限就不在本书中赘述，感兴趣的小伙伴可以自行搜索了解历史）。原本的非流通股可上市交易后，市值成为彼时监管部门考核上市公司的重要参照系。

2005 年 9 月，国资委《关于上市公司股权分置改革中国有股股权管理有关问题的通知》明确提出，**要将市值纳入国资控股上市公司的考核体系。**

2005 年 11 月，时任证监会主席的尚福林提出，要研究制定关于将股票市值纳入国有企业经营绩效考核体系的相关规定。

2014 年，国务院发布了《关于进一步促进资本市场健康发展的若干意见》（2014 年 17 号文），**在提高上市公司质量的具体要求中，提出了鼓励上市公司建立市值管理制度。**

市值管理不是一两个概念导入，一两次事件营销，一两个媒体、投资者引入便可以实现的，是一个复杂工程。但市值管理到底是什么，目前没有标准的答案，我们今天就从常识角度来理解如何规划市值管理工作。我们回到股票的估值定价模型上看，相信一提到股价估值模型上，董秘从业者脑中立刻浮现出来的一定是这一个公式了：

$$PE = \frac{Price}{Earning\ Per\ Share}$$

我们把这个公式变一下型来看：

$$Price = PE \times Earning\ Per\ Share$$

也就是股价＝市盈率×每股盈利，从这个常识性的公式里面我们可以看到股价的决定因素就是 PE 倍数和 EPS 了。

EPS 代表着企业业绩，是企业最可控的端口，所以即使在 PE 倍数相对固定的情况下，EPS 的上升也会自然地推进股价上涨。股价上涨自然引起投资人的持续关注，所以对于上市公司而言，市值的核心还是业绩，没有业绩只有故事的证伪投资逻辑时代已经过去。我们董秘重点要做的是**将公司的经营情况和盈利模式说透，讲清楚公司在市场上持续盈利的基本逻辑，将公司的业绩合理的传达给投资者**，而不是讲一个蹭热点、莫须有的故事。

再看一下 PE。PE 的倍数有行业的平均水平，但是我们明显看到同一个行业里面，不同公司的 PE 倍数就是不同，**这里面的差异主要是预期和流动性。所以我们董秘和 IR 要管理的是预期和流动性。**

所以我们董秘要管好的是预期和流动性。预期管理的话主要是通过**联动全年的业绩发布、重要资本运作、重要项目建设等**，在定期报告、临时报告中导入公司的整体战略和未来预期，以公告作为后续投资者交流的口径依据。流动性的管理，主要就是市场能见度的问题了，市场能见度的提升又分两个层面：**机构看的是研报，散户看的是媒体报道**。很多小企业上来就说拉着卖方出研报确实强人所难，不妨先从媒体端介入。

很多朋友一想到媒体就上升到新闻、广告投放上，但是我们其实可以换一种思考方式，我们上市公司的信息披露也是自带媒体流量的工具，是一个宣发的重要媒介。不少朋友在做信息披露工作时，会说公告都有标准的格式，我们参照格式，比对着别家的公告依葫芦画瓢就好，不求有功，但求无过。

我们其实可以深想一下，当我们在不断琢磨怎么让媒体发关于我们的新闻、让机构发关于我们的研报时，公司公告不就是最直接的新闻、研报信息来源吗？相比各类渠道费用，公告性价比真的很高。我们在信息披露时可以在公告格式要求基础之上，丰富《证券法》规定的"与投资者作出价值判断和投资决策有关的信息"，**将一个项目、一个事件对公司的价值意义讲透彻，对公司未来经营的预期影响说明白。一方面引导预期，另一方面也为媒体、研究机构跟踪报道输送了养料。**

有了公告这个起点，后面做的就是媒介宣发。这个过程我们单凭公司自身能量就捉襟见肘了，这时候建议找一家适合公司属性的财经公关公司来做媒介的管理和宣发渠道管理。有的公司希望通过财经媒体的密集报道加强关注，有的公司喜欢通过今日头条、抖音等新媒体的方式引流，这个根据公司的属性结合财关的建议决定用什么策略。

当媒体的声量大了，舆论的关注度高了，股吧、雪球讨论热度也会上来。在媒介宣发选择上，选择一些偏向专业的媒体，能够让万得、同花顺这种专业投资人使用的软件抓取，这时候专业投资者也就慢慢关注起来了。上市公司可以**开启投资者交流会、公司开放日、股东大会等形式让更多的投资人走进来，**再加上通过财关公司或者直接找到券商的卖方，参加策略会，做路演，向机构传递公司投资价值。影响流动性的是公司的媒介能见度，这需要几个循环做下来，不是偶尔一两次刺激能达到的，需要我们长期的坚持。

那么在上面的工作铺垫基础上，我们就可以做一个适合自己的简要的年度市值管理计划了，如图30-1所示：拉一个大的时间表，先放上四次定报时间，再放上重大项目预期时间，在年报、**半年报发布后配合较为密集地参加策略会、路演，在淡季加上公司开放日**，或者媒体深度约稿，将公司的能见度保持好。

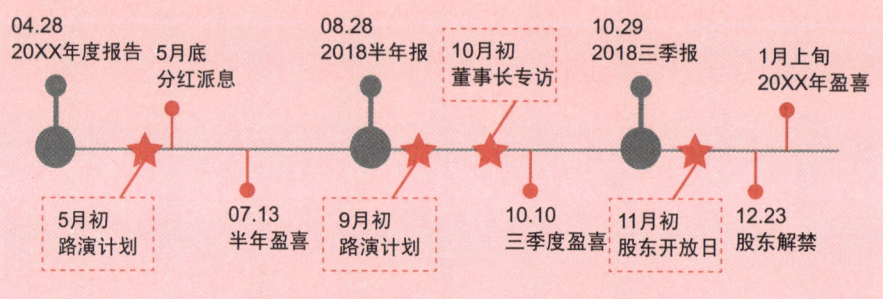

图30-1　年度市值管理工作规划表样图

万事开头难，在完全陌生没做过市值管理工作规划的时候，可以借助中介机构的力量先把框架搭建起来，后续我们再有的放矢地推进全年的市值管理工作开展。

当然，市值管理是个复杂并且充满挑战的工作。当我们不知所措时，不妨暂时不想过于复杂的结构计划，冷静下来归本溯源，先从常识或简单的估值模型角度推导出我们所需开展工作的方向，以此为方向再慢慢地完善，不妨是一个好的策略。这也就是我们所说的"道以明向"，即用常识开展领导工作在市值管理中的应用，希望可以给大家一点参考。

31. 董秘领导力之"法"

拿破仑在圣赫勒拿岛上回忆自己的戎马一生时说到:"我真正的光荣,并不是打了四十多次胜仗,滑铁卢让所有战绩一笔勾销。但有一样东西将永垂不朽,那就是《民法典》。"可见,这个以武功为世人所敬仰的人物以立法为一生最重要之事。

法以立本,法是法律、制度、规则、方法,我们都说没有规矩不成方圆,虽然制度会有僵化的风险,但在有依据和不靠谱之间我们会选择什么?答案是不言而喻的,可见法是一个董秘从业者实施领导工作的依据。

提到"法"在领导力的重要意义,不得不提《华为基本法》。《华为基本法》1995年萌芽,1996年正式定位为"管理大纲",1998年3月审议通过,历时数年。虽然1998年到现在华为已经发生了翻天覆地的变化,但是《华为基本法》总结、提升了华为成功的管理经验,确定华为二次创业的观念、战略、方针和基本政策,构筑华为未来发展的宏伟架构这些基础导向至今沿用。

《华为基本法》共计六章。第一章为公司的宗旨,界定公司的核心价值观、基本目标、公司的成长和价值的分配;第二章为基本经营政策,明确公司的经营重心、研究与开发、市场营销、生产方式和理财与投资;第三章为基本组织政策,明确组织的基本原则、结构和高层管理组织;第四章为基本人力资源政策,包括人力资源管理准则、员工的义务和权利、考核与评价、人力资源管理的主要规范;第五章为基本控制政策,涵盖了管理控制方针、质量管理和质量保证体系、全面预算控制、成本控制、业务流程重整、项目管理、审计制度、事业部的控制、危机管理等内容;第六章为接班人与基本法修改。值得注意的是,华为是每十年对基本法进行一次修订,我们看到基本法的核心内容其实就是华为公司经营发展的基本制度的确认,对这些基本制度的修订采取了非常保守的态度,以保障公司经营的方针、理念和机制具备稳定性，超越了人治实现了企业管治的法治，为我们提供了很好的参考素材。

董秘从业者领导之法分两个维度：

其一为执行之法，督促公司开展规范运作、合规经营，执行章程及决议，把控风险。

其二为制定之法，然后在这些规则的基础之上，将公司的战略意图贯彻、整合到现行法律法规框架内，制定出符合公司诉求的规则体系，例如制定公司治理、合规运营、内部控制、利润分配、股权激励、子公司管控、战略实施的规则。

那董秘从业者的法又分为哪些维度呢？我们将会在第六部分"董秘业务法律文件梳理加减法"中进行详细介绍。

32. 董秘领导力之"术"

《道德经》有云:"善为士者,不武;善战者,不怒;善胜敌者,不与;善用人者,为之下。"翻译成现代汉语就是善于统兵者,不穷兵黩武;善于打仗者,不会被激怒;善于战敌者,不会与敌对持;善于用人者,对待下属谦虚有礼。这里都是在强调一个高手不是通过张扬的表象来表现自己,而是有一套自己高效可行的处事之"术"。

术以立策,"术"是在规则体系指导下的具体操作方法,是办事、用人的方法和艺术。术可通过练习获得,亦可通过对"法"的推理而产生。这句话理解起来可能比较抽象,刻意练习也就是通过学习我们可以掌握一门技术,找到解决问题的方法,但通过对法的推理怎么实现对术的领悟呢?

我们如果只是看法律规则是怎么定的,则很难形成一套自己的认知体系。因此,在吃透规则规定的基础上,我们把整个规则框架给理清楚,把各项条款间的关系找出来,去思考制定这个规则背后的逻辑是什么。将这些融汇贯通后分类进行梳理形成《上市公司监管法律文件汇编》,以生成公司的规范运作管理工作的资料库;在此基础上我们合并同类业务规则形成了《规范运作及信息披露指引手册》,来对不同业务进行分类的专项管理;我们再对规则进行进一步抽象归纳生成了业务快速判断的《上市公司规范运作事项审批地图》。从始至终我们没有跳出规则之外,仅仅是对规则的研究和推演便可以形成董秘规范运作管理的方法,这便是通过对法的推理而形成的具体管理操作方法。

我认为董秘之"术"分两个维度:

其一是履行职责所必需的专业知识和技能,我们在"董秘从业者的关键知识版图"章节中详细介绍了董秘从业人员所需要掌握的战略、管理、法律、财务、金融、公关及业务知识这七项关键知识和技能,这便是我们履行职责所需的专业知识技能。

图32-1 董秘从业者的关键知识版图（自制）

其二是工作的一些技巧和方法，如结构化思维、程序化管理、信息披露逻辑、市值管理方法等。在这些工作技巧方法中，我最推崇的是结构化思维这个方法，甚至可以说是"董秘的首要思维技术"。

董秘的结构化思维技术

我们在工作学习中形成了很多的思维方式，例如线性思维、惯性思维、横向思维等，但作为董秘所面对纷繁复杂的工作界面和关系，结构化思维是一种高效可行的思维方法。

用最简单的话来说，结构化思维就是将面临的问题进行拆分，然后分类思考各个组成要素，并将这些重新排列组合形成解决的方案。

例如我们现在看到了一只鱼（图32-2），它是一个完整的形态，可以理解为我们看到的一个整体的问题。

图32-2 结构化思维例子

32. 董秘领导力之"术"

一条鱼我们可以把它分为很多的主要结构，例如分为鱼头、鱼身、鱼鳍、鱼尾等，也就是把一个整体的问题拆分成很多的具体环节和要素。

结构化思维的过程就是我们将一个混乱的问题现状进行拆解，解构成若干彼此独立、完全穷尽的具体环节和要素，然后按照理顺后的规则重构起来形成完整的解决方案。就如同拼魔方一般，将一个打乱的魔方每个模块的颜色解构理顺清楚，然后按照各自的颜色重新组合成一个有规律的整体（图32-3）。

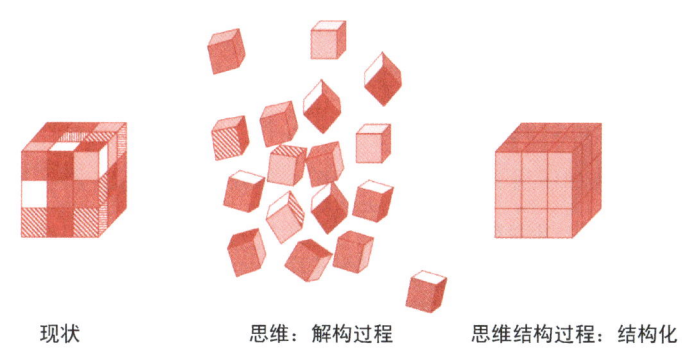

现状　　　思维：解构过程　　　思维结构过程：结构化

图32-3　结构化思维过程

具体到董秘的工作中，我们反思一下是否会出现以下两种情况。

一种极端是把问题想得过于整体和简单。例如我们在面对一个交易事项时，可能会将其直接归类到应披露的交易类别中进行管理，但相应的条款中是否有分期付款、附条件生效、回购等条款？交易对方中是否有潜在的关联方或者专业投资机构？交易安排中是否有担保、财务资助或者融资性安排？如果这些要素没有考虑清楚，可能导致审批或者披露工作中出现瑕疵或者遗漏，需要进行补充或更正，甚至更严重一些可能导致规范运作和信息披露的违规。

另一种极端是直接陷入细节中，而忽略了整体。例如老板忽然有一天提出了公司要收购一个重要的项目，这时好多董秘朋友可能就立刻进入到细节中，马上跟老板反馈这个项目有很多的风险：我们目前是持续督导期要谨慎，前次募集资金还没有使用完毕，这个项目审批上有难度，市场对这个项目的看法偏负面……将细节，特别是风险这一环节集中提示，却没有将项目的优势、实施的步骤、所需的资金支持、尽调和财务顾问等中介选聘、监管机构沟通、预期释放和舆情引导等其他重要的组成要素进行汇报。虽然我们的出发点是好的，但听后老板内心想法可能是："我是花钱请你来解决问题的，不是给我提出问题的……"

这两种思维模式就是没有善用结构化思维这种方法，对于第一种情况我们不急于下结论，而是庖丁解牛地分解好每一个要素，然后重新组合并安排相应的审批和披露对策，之后再输出整体的审批披露以及后续的舆情管理、决议实施跟踪及持续披露方案并予以执行，从而避免漏审错披的风险。

对于第二种情况，我们也是不急于陷入细节当中，尤其是不能将某一要素过度放大，而是对项目进行系统地拆解，多方面地思考各类影响和相关的程序、分工、时间表和重难点，形成一套较为全面的预案后再跟老板沟通汇报，也会让老板更全面地思考和判断这个项目，从而理性考虑项目是否可行，并从老板层面更好地推进项目实施。

结构化思维其实是我从信息披露管理工作当中最先抽象出来并使用的，并在此思维模型下完成了后续众多融资、并购、重组、股权激励等资本运作项目和风险管控、危机应对等棘手工作，并形成自己的工作方法，收益颇丰，希望这种思维方式能给董秘同行们有所启发。

不少朋友觉得还是比较抽象，希望我能具象到董办的工作当中，那我就把自己多年总结的心法——结构化思维，在信息披露管理工作中的具体应用详细讲解一下。

在我主管信息披露期间，我所在的公司在2020年共披露345份公告，超过99.5%的上市公司，合计1063万字；2019年共披露264份公告，超过98.3%的上市公司，合计359万字；2018年共披露246份公告，超过95.8%的上市公司，合计511万字；

经手信息披露类别占交易所类别80%以上，在此高强度的工作下，公司信息披露评级在最近几年仍能多次为A级，且没有重大的信披违规和澄清事项，这其中离不开结构性思维在信息披露业务判断和处理上的应用。

众所周知，上市公司信息披露与规范运作的规则繁多，虽然针对不同的事项有相对明确的规定，但我们在日常工作中经常会遇到各种各样非标准化的事项，让我们难以判断业务类别及处理方案。

例如一个交易中附带了担保条款，一个对外投资中有合作伙伴为专业投资机构，增资一家参股的上市公司时要从二级市场买入……我们发现这些事项并不是在《上市规则》中可以一眼确认的交易类别，做业务判断时缺乏标准化体系，这时候我们比较羡慕财务同事，因为财务是一个标准化体系，用表格就可以把所有事情给讲清楚，而我们面临纷杂的规则时很难讲清楚。

其实，我们把这些问题抽象成一个逻辑算法来说的话，即《上市公司规范运作事项审批地图》（图32-4），处理起来的套路也就比较容易了。前文我们介绍过对于待审批事项我们可以拆分为三个要素：主体、行为、金额，但之前讲的不够具体，我们今天从这三个要素环节一个一个去推演。

我们首先来判断主体是谁，也就是判断交易的对方或者披露涉及的主体是否为**关联人**。依据是否为关联人我们分为两条业务流，即重大交易事项或关联交易两条业务流进行判断。

主体确认后我们开始进行行为判断。以与关联人交易为例，行为上我们先判断是否有相关联人提供借款或资助的条款。依据"上市公司不得为董事、监事、高级管理人员、控股股东、实际控制人及其控股子公司等关联人提供财务资助"的条款（注：深交所主板、创业板有禁止条款，上交所未提出明确禁止条款，此处以深交所公司为例）判断是否涉及禁止财务资助的情况。如涉及则不得实施这个交易，需要调整交易方案。如不涉及禁止资助情况，但仍涉及提供资助条款或事项时，我们加批财务资助业务类别并流向后一个判断框；如不涉及资助条款则跳过这个业务类别继续向后判断。

我们再来看上市公司及其子公司是否提供了财产抵押、质押或信用保证、承诺回购等担保条款，如涉及担保则确认至少需要上董事会，加批担保业务类别并流向后一个判断框，如不涉及则跳过这个业务类别继续向后判断。

接下来，判断是否有与专业投资机构共同投资或合作事项（注：深交所主板和创业板对此有专项规定，上交所未提出具体要求，此处以深交所公司为例），看一下交易对方中是否有专业投资机构，是否涉及成立投资基金等事

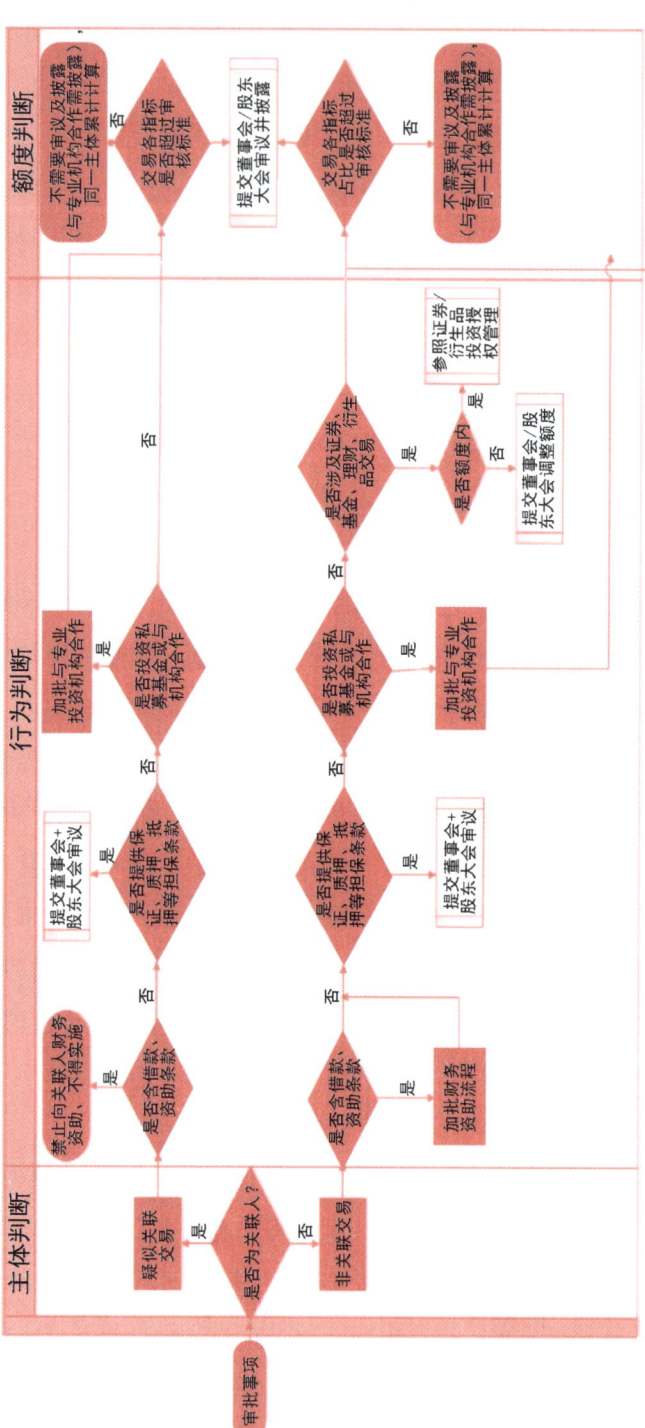

图 32-4 规范运作审批事项管理地图

项，如涉及则加批与专业机构合作业务类别，如不涉及则跳过这个业务类别继续向后判断。

行为判断完成后，我们来到金额判断环节。分析这个交易的对价、产生的利润、对应的总资产、净资产额度是否对应到《信息披露管理办法》《上市规则》和公司章程中对需审议、披露的额度的规定，最后决定是否通过信息披露、董事会审批或董事会+股东大会的流程审批。

这种解决问题的方案也就是我对一个信披合规事项进行分析判断时的思维方式，将一个整体的问题解构成主体、行为、金额三大要素后，按照一定的逻辑去一一判断，便可以快速找到处理的方法。

在同行交流群里大家问一些问题时，通常我很快就会反馈解答，很多朋友归因于我丰富的经验和案例积累。其实不然，案例是一个量的积累，但是把这些案例结合到规则当中，并据此抽象成一个结构化模型算法，这个时候按照结构程序输入不同的变量就可以比较准确快速地找到解决问题的方法了。

当然这种思维模式不仅可以运用在信息披露和规范运作管理上，在再融资、资产重组、股权激励、投资者关系管理中都有具体的应用场景，我们后面有机会详细介绍，但底层的逻辑都是结构化思维的具体应用，希望大家可以尝试采用结构化思维的方法策略解决工作上的问题，相信可以事半功倍。

33. 董秘领导力之"器"

工欲善其事，必先利其器。

——《论语》

器以成事，器为管理工具和技巧。传奇 CEO 杰克·韦尔奇说过，管理的真谛就是把复杂的问题简单化，将混乱的事情规范化。而实现这一目标最直接的方法就是"技术"控制，善用管理工具，优化流程机制。

不少同行公司或者董办遇到问题时，例如信披工作当中出现了遗漏或更正事项，或者在投资者关系管理上一直没有研报进行覆盖，这时最先想到往往是人的问题。是否要换一个业务能力更强的人？是否要增加编制？是不是我的人脉关系还没到位？

往机制工具的方向考虑，我们的信息披露是否有配套的复核机制？是否引入了律所或第三方的复核？公司舆情的市场能见度是否有专门的监测？是否建立了所在行业机构买方和卖方的数据库并形成日常联系机制？这样看来，其实很多问题的原因不一定是"人"这个要素的不足，很有可能就是机制工具方面没有跟上，没有实现技术控制。

董秘从业者用"器"分为三个维度。

其一，借用之器。善于通过投行、券商研究所、律所、会计、评估、咨询公司等中介机构推进管理意图，这一点也是我们作为职业经理人与老板博弈的着力点。

如前所述，老板突然提出跨界并购、股价翻番等天马行空的想法时，我们可以不马上驳斥或者找理由，先一起研究一下，找投行、律师分析一下并购的可行性，测算一下并购后每年的收益和与之对应的商誉风险是否成正比。由专业机构和我们出一个比较完整的分析报告，最好由机构呈现给老板，进行全面理性的分析，此时老板的想法和认知也会随之更全面立体、理性客观。

其二，使用之器。善于使用战略控制、项目管理、IRM（投资者关系管理系统）、规范运作流程、风控评价等管理方法和工具，易董无疑为我们提供了很好的工具平台，易董重点赋能上市公司合规管理和资本运营，提升公司治理与信息披露水平。

其三，创制之器。善于结合专业技能、实践经验、实际情况开发推广管理方法，如资本运作、子公司管控、规范运作等流程、机制。如我们在前期介绍过的，结合信息披露实务和矩阵式流程图管理工具开发出来的"上市公司重大事项审批管理及披露管理流程"，如图33-1所示，就是这方面的实操。

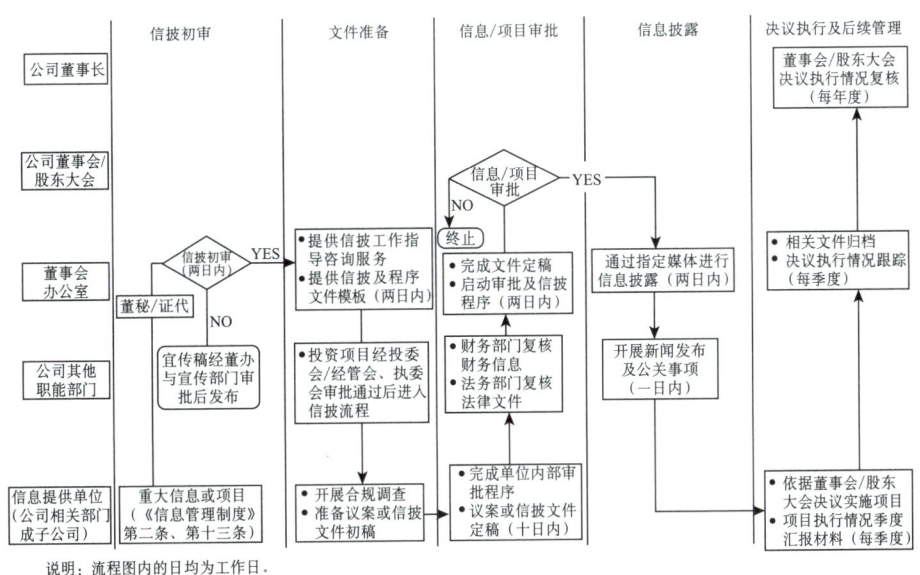

图33-1 上市公司重大事项审批管理及披露流程参考图

那当我们推进一项变革时，或者说是到了一个新公司新岗位需要推进自己的管理理念时，应从何处入手呢？

我个人认为，器之运用为首要方向，小到一个公司部门，大到一个国家，自上而下推动一场变革阻力非常大，风险也非常大，很容易伤害到固有利益者，让员工或国民感到不安全。

那么如果我们从工具开始提升效率，转变固有认知，以此着手来推动一场变革，它反而是最直接、最简单、成本最低的一种方式。

纵观中国历史近代化的变革，自洋务运动的器物之变开始，到制度之变的戊戌变法、辛亥革命，再到思想之变的五四运动、马列主义传播，带动了新文化运动的风尚之变，实现了中国全方位的近代化变革。

所以当我们董秘从业者在推进管理的变革当中，不妨先从工具技术开始。例如在推进上市公司信息披露和规范运作的标准化时，我们以规范运作的管理的工具为始，再导入信披规范流程，逐步提升效率，转变固有认知，顺势开展专项的培训和学习固化这些认知，再推进其他维度的变革，最终实现自己的领导管理意图。

34. 董秘领导力之"势"

故善战者，求之于势，不责于人，故能择人而任势。

——《孙子兵法》

势以立人，势是当下所处时空的运动、转变趋势、风口，是宏观经济形势与行业趋势，也是领导者的权威与气场。天下大势浩浩荡荡，顺之者昌，逆之者亡，顺势而为，借势发力，做出法、术、器的调整来持续输出有效管理。

董秘从业者御势分两个维度。

其一为预势，所谓君子藏器于身，待时而动，我们通过战略规划管理、与投资人交流，为公司预测分析行业趋势，寻求公司发展可乘之势，为公司规划战略、勾画发展的蓝图，督促战略落地执行。

尤其在我们无法回避的市值、股价考核指标设置时，我们在此博弈中便要通过行业权威研究机构的预测，以及主要机构分析师给出的估值模型，分析预测自己公司的走势来有理有据的设定指标。

当然指标的种类也可以做很多文章，是选择考核绝对市值、股价，还是考核横向的同行业同期相对指标？抑或是考核纵向的同比成交量、换手率、关注度等绝对值、相对值指标？这都需要我们妥善地预测趋势。

其二为造势，通过法、术、器塑造职业化的董秘形象与工作能力，形成在相关领域的管理权威，并借势授权分工，构建人才梯队，以人来推进管理。这样讲很模糊，做个简单的示例。

图34-1的两张照片都是我本人，如果我在讲课或者写文章时，是右图这个形象示人，相信大家不会再往下听讲或阅读了；如果是左图，虽然有重度PS的痕迹，但是大家愿意相信这是一个专业靠谱的形象。

图 34－1　形象的重要作用

这便是形象的重要作用，**董秘作为职业经理人，面对的又往往是公司高管、机构投资人，所以一个良好的职业形象颇具价值**，就不要抱怨为啥总要穿正装了，谁让我们选的就是这个自带形象要求的职业呢？

35. 董秘领导力模型

前文我们借用"道法术器势"的中国古典智慧,从道以明向,法以立本,术以立策,势以立人,器以成事五个维度探讨了如何构建了董秘从业人员的领导力思维,现在我们来综合分析"道法术器势"之间的关系(如图35-1所示),尝试搭建起领导力模型。

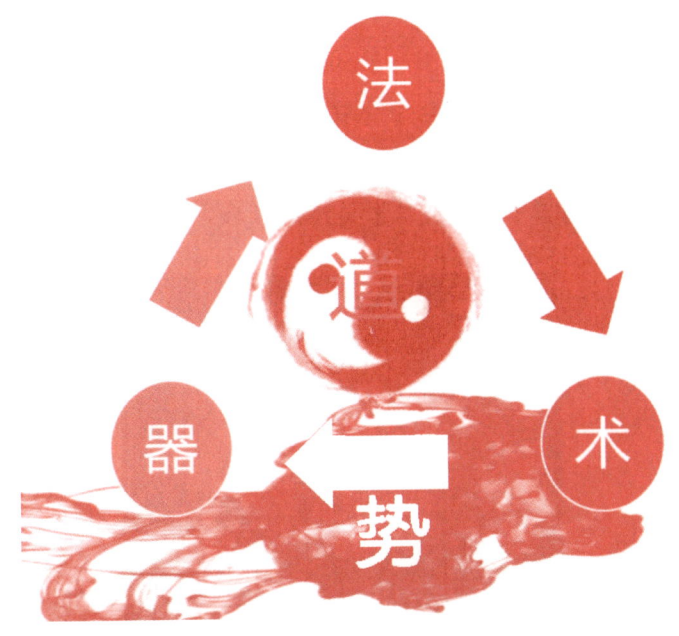

图35-1 "道法术器势"之间的关系

道是我们开展领导和管理工作的本源,是公司愿景、价值观、发展规律和基础常识的集合。如果我们在管理时总是沉湎在"法、术、器"里找出路的话,就会像爬山一样,总在山脚、山腰打转,很难直达山巅。

就像我们在开展市值管理工作上,如果忽略公司的股价是围绕着公司的产业价值波动这一基础逻辑和规律,不考虑公司基本面的经营业绩、成长潜力,上来就是想着通过近期热门的概念导入,开展一两次事件营销,或者配合大范围的媒体报道和舆情引导等手段方法来刺激市场的话,很难维持股价持续向好,市值管理工作也总是在起起落落中原地打转。

法是必须要基于道来制定管理的方法、规则,术是要为了贯彻道和法所用策略、思维,器也要以道法为出发点,通过术来加以运用。实现上述目标,就要造势和借势,托起领导力之道。

这样我们便将领导力的"道法术器势"五个维度的关系理清楚了,大致构建起了图35-1的结构:**道为核心和出发点,法、术、器围绕着道运转,势如青云衬托起道的树立与法术器的运转。**

可能我们听起来还是有些抽象,那举一个具象化的例子。徐焰少将在其著作《解放军为什么能赢:写给新一代人看的军史》当中,系统地论述了共产党带领的军队如何通过武装斗争夺取了全国政权的背后逻辑,我们也可以从中寻觅到以毛泽东为代表的领导人是如何通过道法术器势几个维度带领军队从一群文人亦步亦趋到自我成长走向胜利的。

图35-2 徐焰少将最新力作《解放军为什么能赢:写给新一代人看的军史》

解放军的道就是以毛泽东军事思想为代表的领导方针、原则,以党对军队绝对领导的原则、思想领先的方针等为代表,例如毛泽东领导的三湾改编在共产党军队成立之初便定下了官兵平等这一条基本原则,并且是在共产党军队不领饷的前提下提出的,这与旧式军队截然不同,从本源上保障了党的军队是有理想追求的先进军队。

所谓法,指的是根据上述的思想方针原则所制订的各项规章制度,如军队三大纪律八项注意、政治工作条例等。

所谓术,是指体现毛泽东军事思想的具体工作方法和战略战术,如政治工作的思想教育方法、官兵一体的军队管理方式,以及我们引以为傲的战术穿插、运动战、游击战的战法。

在器这个维度上,很多人也许有误解,共产党军队不只是小米加步枪,也是注重兵器、补给的。例如在抗战时期八路军总部军工部研制的八一式马步枪,配合三棱军刺提升了交火战和肉搏战的战斗力,土地雷、木柄手榴弹、炸药包等都起到了很大的作用,解放战争时期更是注重根据战场形势合理使用炮、装甲车等技术兵器,甚至在各大野战军都形成了专属的炮兵纵队这一技术兵种,并在局部形成优势。

借势更不必说,毛泽东在1938年所著《论持久战》中就预测了抗日战争将分为战略防御阶段、战略相持阶段、战略反攻阶段,并根据不同阶段趋势分析制定了不同的斗争路线;在解放战争中更是善于用势,淮海战役占尽天时地利人和,百万支前民工推着手推车为解放军输送补给,运下伤员。陈老总不禁感慨:"淮海战役的胜利,是人民群众用小车推出来的。"

以上便是我们借用军史阐述道法术器势这一领导力模型的具体展开和应用,那我们再聚焦一下,探讨一下如何将这种思维用在我们的实务工作中。

36. 用领导力模型开展投资者关系管理工作

首先，从道着手，我们要找到开展投关工作的出发点和基本原则，投资者关系维护的出发点是让投资者认可公司的投资价值并争取为投资者创造投资超额收益，换成大白话讲就是让投资者判定公司值钱并赚钱，话糙理不糙。

我们开展投关工作的出发点是我们自身认可并挖掘公司的独特价值，并将这种价值传递给投资者，通过财务指标、技术壁垒、战略布局、机制文化等各种具象化的形式让投资者信服。让投资者赚钱是与投资者保持良好关系的根本，相信没有哪一个没让投资者赚到钱的上市公司会有一个良好的投资者关系。

之后我们看一下法、术、器层面在投关工作上的具体表现。

法的层面分为执行规则和制定规则两个维度。执行规则便是我们在开展投资者关系管理维护的时候，要遵从《上市公司投资者关系管理指引》《信息披露管理办法》以及公司章程、内部接待的规则指引等，尤其是要注意避免沟通时泄露公司未披露信息以及不公平对待机构投资者和普通投资者的情形；制定规则，是我们依据上位规则，结合工作的实际制定的标准、流程、机制。这方面如果感兴趣可以了解一下华为客户工程部的故事，华为将接待工作当作一个工程来管理的，工程要求有设计、有模块、可迭代、可复用，华为会在客户来之前做好充分背调，了解客户的经历、喜好后，将欢迎词、茶歇的糕点、背景音乐等设为客户的品牌元素或爱好，营造宾至如归的感觉，我们也可以借鉴制定投资者接待的流程、标准及品控手册，并不断对此迭代。

术的层面分为履行职责所必需的专业知识技能和工作的一些技巧方法两个维度。一方面，要求我们在与投资者开展交流时需要具备行业、金融、投资的基础知识，对行业格局、技术路线、金融工具、投资回报、估值分析等知识技能有充分的储备；另一方面，要求我们在投关工作上要注意思维的方法，借用我前期介绍的结构性思维方式，我们可以多维度多角度去考虑问题，尤其要从上市公司的思维里抽身而出，从投资者的立场去审视公司和我们对外传递的投资逻辑，从投资者的研究框架、估值模型、收益成本测算等角度去思考如何优化我们的投资逻辑呈现。两者综合来看，就是要用有别于规范运作和合规管理的知识体系和视角去看待和解读问题，避免与投资者鸡同鸭讲。

器的层面也分为三点，分别为借用之器、使用之器和创制之器。借用之器，即通过券商卖方、财经公关等构建起与投资者并开展触达交流反馈正向循环的沟通渠道；使用之器，即股东名册分析、金融数据软件等工具分析研究投资者持股集中度、推测筹码分布情况、大概持股成本、持股风格等，制定不同的沟通及反向路演策略。

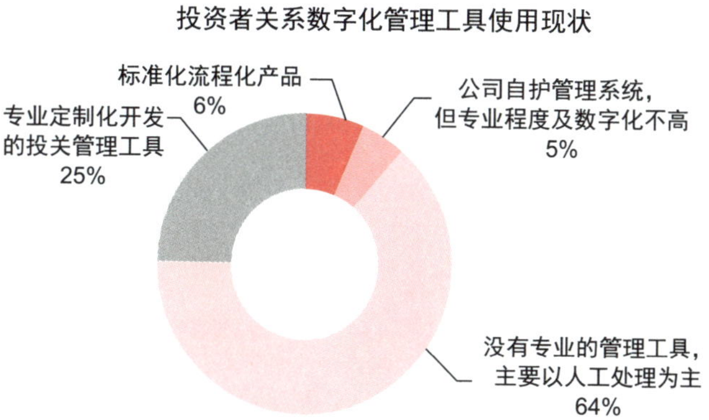

投资者关系数字化管理工具使用现状

- 标准化流程化产品 6%
- 公司自护管理系统，但专业程度及数字化不高 5%
- 专业定制化开发的投关管理工具 25%
- 没有专业的管理工具，主要以人工处理为主 64%

图 36-1　易董投资者关系管理市场问卷调查数据统计

通过问卷调查我们发现大部分上市公司在关于投关工作进行数字化管理相对占少部分，大部分企业均以人工覆盖；占比高达61%；而采用定制化开发的专业投关管理工具，仅占比29%。易董价值平台便提供了上述所需的功能，为我们开展投资者关系管理提供使用之器。

创制之器，即在成熟的中介机构支持和专业的软件工具加持之下，创制公司自身的投资者数据库，对已退出、现有和潜在投资者的投资习惯、风格偏好、关注要素等进行数据标记，根据公司不同阶段匹配不同需求的投资者开展有效的沟通交流。

最后再简单提一下势层面的着力点。其一为预势，预测分析公司及行业趋势，根据不同趋势不同阶段开展不同的沟通，而不是每天都是用"近期是公司股价的低点，是买入绝佳时机"的传统话术。我们要客观地看待行业态势、估值乃至经营情况有起有浮，在不同阶段采用不同的沟通策略，合理传递公司价值，过热时理性引导预期回归，低谷时谨慎乐观的论述行业的拐点、公司的转型战略或经营策略，始终记得我们要争取让投资者挣到钱而不是骗来给抬轿当韭菜的一锤子买卖。其二为造势，要通过良性的投资者关系管控、媒体宣传和自我营销打造上市公司行业标杆或破局者的形象，或者董秘自身专业靠谱的职业形象，形成在相关领域的威信力，让投资者在与我们接触之初甚至未接触时便锚定了公司值钱并且能让他挣钱的印象。

篇幅所限，在领导力部分我只能对投资者关系管理工作泛泛而谈，后续有机会我们具体展开相关的流程、工具、技巧等内容。

第六部分
董秘业务法律文件梳理加减法

在上一章我们提到，法是一个董秘从业者实施领导工作的依据，哪些法律文件是我们董秘从业者开展工作重点关注的规则呢？这些规则的内在逻辑是什么？如何将这些规则予以梳理、整合并予以高效的实施？如何在规范运作规则的基础上构建董秘合规管理的工作流程？我们将在本章找到这些答案。

很多同行会觉得上市公司相关的法律文件卷帙浩繁，遇到相关事项的时候经常是手足无措，到处翻阅法律，查找案例，这样不仅需要花费大量的时间，而且容易遗漏部分散落在其他法律文件中的细小条文。依据我的工作习惯和经验，此时不妨对法律文件进行系统性的梳理，以下的梳理方案供大家参考讨论。

37. 法律文件梳理的三个原则

37.1 效力层级划分原则

在法理学上，法律文件是具有法律效力层级，这给我们在法律文件梳理的时候提供了一个比较好的分类依据，依据《中华人民共和国立法法》第88条规定："法律的效力高于行政法规、地方性法规、规章。行政法规的效力高于地方性法规、规章。"我们在可以把董秘执行之法采用法律—行政法规—规章—证监会文件—交易所、登记公司规则—公司内部制度的层级划分。其实从法律文件的名字上就可以清晰地看出其层级。

以"中华人民共和国××法"命名的一定是法律，如《中华人民共和国公司法》（以下简称《公司法》）《中华人民共和国证券法》（以下简称《证券法》）这两个上市公司运作的基本法律文件。以"××条例""××规定"命名的一般是国务院的行政法规，如《企业债券管理条例》。规章一般是以"××办法"命名，但也有以"规定"命名的，在此除了看名称外就要看发文单位了，以部门令形式发布的就是部门规章，我们最常用的就是中国证券监督管理委员会令，如《上市公司重大资产重组管理办法（2020年修正）》的文号为"证监会令第166号"。

证监会规范文件的命名就比较多样，多以通知、意见等方式命名，实际上并不是严格意义上的法律文件，约束力仅限于内部，但是在公司规范运作中也不能违反这些文件规定，而且也对很多具体的工作进行了界定。如《关于上市公司实施员工持股计划试点的指导意见》（证监会公告〔2014〕33号），严格意义上便是一个规范性文件，法律位阶不高，但却是上市公司实施员工持股计划的根本性规则文件。

从法理上看，在更高效力层级的法律文件发布时，与上级法律文件冲突规范性文件的内容自动作废，这在我们工作中较为常遇到，值得重视。再往一个层级到交易所和登记结算公司的自律规则和办事指南，这一部分规则严格意义上不再属于法规的序列，但是因为上市公司的股票需要在交易所上市交易、需要在证券登记结算公司登记管理，上市公司便与交易所和证券登记结算公司有了基于《上市协议》《登记协议》上的合同义务，需要遵守相应的自律性规则，依据办事指南的方式开展工作。例如，无论是在哪个交易所、哪个板块上市，《上市规则》都是我们必须遵守的规则，这些规则是把《证券法》和证监会的系列规范文件落实执行的具体规则，是我们董秘从业者开展信息披露、规范运作、资本运作、投资者关系管理的规则依据，不容小觑。

37.2　强相关性原则

涉及上市公司的法律文件很多，以法律这个层级为例，《刑法》《证券法》等法律当中都规定了与上市公司业务相关的内容，如果把这些文件全部整理起来，内容庞杂，效率低下，建议在工作中将文件中与业务相关的条文节选出来即可。

举个例子，在《证券法》中有很大一部分是与券商、中介机构的条文，这些部分可以摘除，只留下总则及上市公司规则即可。

37.3　目录及索引原则

如图37-1所示，在整理法律文件时加上目录将使得整个梳理内容能够一目了然的呈现，了解法律文件的大致层级和位置，方便以后的查找；另外，应注意标题的使用，这样在使用word视图的导航窗格时就能够清晰定位，了解自己所看的条文来自哪个文件，也方便查找。

37. 法律文件梳理的三个原则

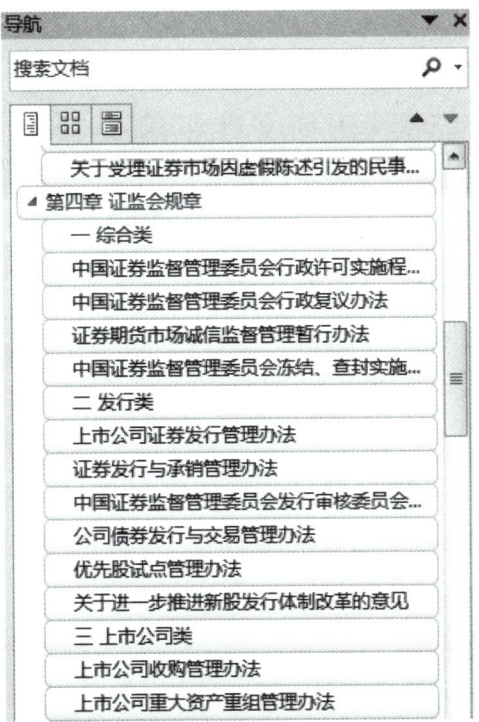

图 37-1　导航窗格的合理使用将使法律文件查找工作事半功倍

38. 如何通过法律文件汇编提升业务能力？

梳理法律文件的时候，除了将相关法律文件的单行本保存到知识库之外，建议大家采用编纂法律文件汇编的模式，将相关的法律文件按照法律的效力层级整理为汇编模式，作为一个法律的知识库，将散落在各法律文件当中的条文连成线，再通过日常的查阅熟悉和学习将法律文件的规定织成知识网。诚然现在我们有了很多便捷的方式能够很快找到相关法律文件，但是通过一次系统的法律文件梳理，我们可以理清对上市公司监管各项规则的脉络体系和钩稽关系，形成立体的认知。

法律文件的数量庞大，本人整理的法律文件汇编总字数达到了16万字，放在一个文件当中会使文件过大，使用起来也不是很方便，建议依据法律文件层级进行分类，划分为上卷、中卷和下卷。

38.1 法律文件汇编上卷

法律文件汇编的上卷建议主要将法律文件层级较高的文件整理进来，这些文件在日常的信息披露工作中用的可能不太多，但是在一些重要的资本运作当中，如重大资产重组、股权激励、非公开发行、战略投资者引入、发行股票购买资产等方面，这些法律、规章具有较强的指示性，在涉及重大的事项时，上卷应作为重点来了解和使用。

上卷的内容建议通过以下的序列来进行编纂，顺序上可以根据各自的工作习惯来进行调整。

38.1.1 法律

这一文件层级是法律效力等级最高的文件，与上市公司相关的主要是《公司法》《证券法》《企业国有资产法》《刑法》等，其中《证券法》《刑法》等文件我们需要把与上市公司部分相关的内容节选出来使用即可。很多朋友在做上市公司或拟上市公司的"三会"运作时，时常对相关的程序、权限、额度等难以摸清，翻遍了《上市规则》等文件也没找到出处，这也是我们不做文件梳理时经常会出现的场景。通过做法律文件汇编，我们可以发现《公司法》关于公司董事会、监事会和股东大会的公司治理事项的规定才是后续其他规定的出处；同理，《证券法》中对信息披露的原则性规定，以及对定期报告、临时公告的规定是后续证监会《上市公司信息披露管理办法》和各交易所《上市规则》制定的信息披露具体执行标准的本源；因此我们在需要对最高位阶的《公司法》《证券法》中关于公司治理、信息披露的规定进行深入学习后，再去解读《信息披露管理办法》，然后再去研究交易所的《上市规则》，我们就可以找到这条清晰的脉络，让我们更立体全面地认知相关的规则。

除了上述几个通常所需的文件外，也不要忘了整理自己公司所处行业的专门法律，如商业银行的上市公司就需要增加《中华人民共和国商业银行法》，房地产开发的企业就需要增加《中华人民共和国城乡规划法》《中华人民共和国城市房地产管理法》。

38.1.2 国务院规范性文件

法律之下的效力等级为行政法规，是指国务院根据《宪法》和法律，按照法定程序制定的有关行使行政权力，履行行政职责的规范性文件的总称。在整理工作中为了加深理解，我们将这一文件层级进行了扩大解释，将国务院发布的文件（包含以国务院办公厅为发文单位的文件）均划入此类中。

日常工作中常用的为《企业债券管理条例》《国务院关于股份有限公司境外募集股份及上市的特别规定》，另外一些以国办名义发布的文件往往以意见、通知的名义存在，主要是一些原则性规定，操作性不强，但是有一些类似建议类的内容往往在实践中被监管部门认定为上市公司应尽的责任，如2021年中共中央办公厅、国务院办公厅联合印发的《建设高标准市场体系行动方案》《关于依法从严打击证券违法活动的意见》等，前几年最具代表性的文件便是《关于进一步加强资本市场中小投资者合法权益保护工作的意见》，在该文件发布后，证监系统便将中小投资者权益保护列为了当年的重点工作，以广东局为例，开展了多期"公平在身边"的中小投资者权益保护教育的活动，在近年来又加强了对上市公司与中小股东沟通工作的监督；同时这也是风向性的文件，监管机构在保护中小投资者的具体举措上也是不断夯实，如《证券法》修订后的代表人诉讼、信息披露违法的过错推定责任、证券投资者保护基金公司的成立和运作等，都对我们开展工作具有前瞻性的指导意义。

因此以国务院及国务院办公厅（有时也包括中共中央办公厅）名义发布的文件我们不能因为其不具有可操作性而忽略，当这些文件制定发布后，上市公司就应该加强文件所提出的指向性意见进行专门的准备，后续监管机构往往会将文件中提及的内容列入监管工作中，对上市公司进行管理和排查，我们完全可以走在监管机构之前提升公司的规范运作水平，这对信用评级、监管机构的评级都有好处。

38.1.3 司法解释

司法解释是最高法院对审判工作中具体应用法律、法令问题的解释，名义上只有在诉讼过程中才使用，但实际上在日常工作中我们也应当依照司法解释上的一些规定来约束工作，以免因工作疏忽而导致股东起诉公司时留下口实。

与我们工作相关的司法解释主要就是《关于适用〈中华人民共和国公司法〉若干问题的规定》以及部分处罚相关的文件，这些情况都比较极端，对于这些文件做到大致了解即可。

38.1.4 部门规章

对于董秘从业者而言，上市公司的主要监管部门是中国证券监督管理委员会及其派出机构，各省、计划单列市的证监局即派出机构，受证监会的垂直领导，因此对于我们日常的信息披露、资本运作管理工作当中，证监会的系列法律文件是我们开展上述工作的原则性指引和需坚守的底线，按照文件层级也分为了部门规章和规范性文件。

证监会的部门规章都是以证监会令的方式发布的，这些文件也相对较多，我们选取对上市公司监管相关的文件，建议在此进行一个小的分类，可以分为以下四类。

1. 综合类，主要是证监会行政许可、行政检查和监管措施、调查和处罚、诚信监管、复议和仲裁等工作开展的依据，其中《中国证券监督管理委员会行政许可实施程序规定》在一些需要报会审批的工作流程中可能用得上，值得注意的是，2020年以来从严打击证券违法活动一直是监管层工作的重中之重，而监管层打击违法、加强诚信管理的制度，如《证券期货市场诚信监督管理办法》《证券市场禁入规定》《证券期货违法行为行政处罚办法》《中国证券监督管理委员会冻结、查封实施办法》等部门规章都在近两年进行了更新，需要我们重视。

2. 发行类，主要是上市公司发行证券时涉及的规章文件，进一步细分为首发IPO和再融资两个分支。

（1）首发类适用于拟上市公司申报IPO阶段的标准和程序指引，近几年我国证券市场迎来了一次核准制向注册制的深入变革。2018年11月5日，习近平总书记提出在上海证券交易所设立科创板并试点注册制。2019年1月29日，证监会发布《关于在上海证券交易所设立科创板并试点注册制的实施意见》。同年7月2日，科创板正式开市，在创业板试点之后，证监会于2020年6月1日审议通过《创业板首次公开发行股票注册管理办法（试行）》，创业板注册制随之启动。随着这两年的持续试点，市场对注册制逐渐熟悉，相关机制得以完善。2023年2月17日，证监会正式审议通过了《首次公开发行股票注册管理办法》，全面注册制时代来临。目前沪深主板、科创板、创业板的首次公开发行均以《首次公开发行股票注册管理办法》为执行依据，在全国股转系统连续挂牌满十二个月的创新层挂牌公司在北交所公开发行股票在上市的，以《北京证券交易所向不特定合格投资者公开发行股票注册管理办法》为执行依据。

（2）再融资类的规章主要适用于已经上市公司通过发行股票实现再融资，

主要为《上市公司证券发行注册管理办法》（适用于沪深主板、科创板、创业板上市公司）、《北京证券交易所上市公司证券发行注册管理办法》（适用于北交所上市公司），注册制不仅覆盖了首发，在上市公司股权再融资时也是同样采用注册制，值得我们注意；上市公司除了股权融资外，还可以依据《优先股试点管理办法》《可转换公司债券管理办法》《公司债券发行与交易管理办法》发行优先股、可转债、公司债的模式进行再融资，值得注意的是非上市公司也可以发行这三种证券进行融资。

《证券发行与承销管理办法》作为发行证券的程序性规则，统揽规定了首发和再融资的证券发行以及承销的程序和规则，建议整理学习一下。另外，《中国证券监督管理委员会发行审核委员会办法》这一规章中对股票发行的审核机制、组织、程序进行了界定，在上会前要予以了解。

还有一个比较有意思的规则——《存托凭证发行与交易管理办法（试行）》，即我们所称的CDR，是由存托人签发、以境外证券为基础在中国境内发行、代表境外基础证券权益的证券，该制度将使得很多中概股得以回流，目前还在推进当中，我们拭目以待。

3. 收购与资本运作类，这一类对于我们开展资本运作而言较为重要，如果公司作为收购方涉及上市公司的股权收购，或者董秘开展股东管理遇到相关权益变动的情况，要关注《上市公司收购管理办法》；如果公司希望通过并购的方式扩大规模或者通过发行证券来购买资产，要关注《上市公司重大资产重组管理办法》；如果希望激发内部的活力、开展股权激励，则需要关注《上市公司股权激励管理办法》。

上述规则适用于所有上市公司，但注册制的创业板和科创版上市公司在准备相关资本运作事项时还要注意《创业板上市公司持续监管办法（试行）》《科创板上市公司持续监管办法（试行）》的专项规定。

4. 上市公司运作类，这当中最重要的毋庸置疑便是《上市公司信息披露管理办法》了，该规则对上市公司信息披露的原则、定期报告和临时公告的要求，以及信息披露的事务管理、监督管理与法律责任进行了界定，不少朋友在开展信息披露工作时紧盯着交易所的上市规则却忽略了《证券法》和

38. 如何通过法律文件汇编提升业务能力？

《上市公司信息披露管理办法》，要知道各交易所上市规则中对信息披露的要求是基于上述法规制定的执行性规则，建议先行掌握了解上位法的规则后在系统学习各交易所的上市规则，可以对规则的脉络和体系一脉相承，融会贯通。

如果上市公司为国有企业，或者股东转让股权时涉及国有股东的情况，则需要关注《上市公司国有股权监督管理办法》中关于国有的股权转让、发行证券、资产重组的特殊性规定。

上市公司的股票、债券等证券的因为有交易带来的流动性而具有了投资价值，对此，《证券登记结算管理办法》规定了上市公司证券交易的一些程序及管理规定，这也就是我们与中登公司打交道的法律依据。需要注意的是《内地与香港股票市场交易互联互通机制若干规定》，也就是我们所说的深港通、沪港通这种投资者通过内地与香港股票市场交易互联互通机制买卖股票的规则依据。

以上便是证监会对上市公司开展监管的主要部门规章，我们可以根据自己的需求予以整理和学习，相信不少朋友会有质疑：不是吧，还有很多规章，例如《证券期货投资者适当性管理办法》《区域性股权市场监督管理试行办法》，都没有列进去啊？如前文所述，我们在做法律文件学习和梳理时把握强相关性原则，与董秘从业者开展上市公司管理的核心业务不相关的部分，我们就不再编入和介绍。

还有不少朋友会质疑：你这太不专业了，你看《上市公司章程指引》《上市公司股东、董监高减持股份的若干规定》《上市公司非公开发行股票实施细则》这些重要的文件你都漏掉了！这也如我们前文所述，在整理规则时，为了保障各文件有条理有顺序的规整，我们采用了效力层级划分原则，以上文件为法律层级中的"规范性文件"，属于下位法，在证监会文件部分予以整理。

38.1.5 规范性文件

虽然政府职能部门的文件并不是严格意义上的法律，但是作为上市公司主管部门，证监会发布规范性文件对于上市公司来说其实就是要予以遵守并执行的"准法律"，因此我们在整理的时候，这些文件不可或缺（证监会文件很多是我们前文提到的部门规章的具体性规定，如《上市公司再融资分类审核实施方案（试行）》《关于首发及再融资、重大资产重组摊薄即期回报有关事项的指导意见》等，我们就不再围绕这些着重介绍，本文主要介绍部门规章中没有具体界定的某些事项）。建议分为以下几类。

1. 综合类。以《上市公司现场检查规则》《上市公司监管指引第 6 号——上市公司董事长谈话制度实施办法》为代表，很多朋友非常关注上市公司的双随机检查，觉得监管机构对上市公司开展检查这个事项非常的神秘，其实我们可以通过对《上市公司现场检查办法》了解检查的机制和程序，阅读《中国证监会随机抽查事项清单》来掌握学习检查的重点关注内容。

2. 发行类。其实大部分发行类的事项已经在部门规章中予以规定，下一层级的规范性文件中主要是对具体流程进行规定、对某一些事项予以补充说明或解释，在此就不一一罗列介绍，提示几个比较重要的文件。

首发类有两个规则需要注意。拟上市公司需要关注《首发企业现场检查规定》，这个制度是 2021 年初颁布的，证监会依此常态化开展问题导向及随机抽取的现场检查，聚焦重点问题，不断提升首发企业信息披露质量，准备迎接现场检查也成了 IPO 阶段所需做的功课。另外，《上市公司分拆规则（试行)》的颁布，明确了上市公司分拆所属子公司境内上市的条件、流程、中介机构职责，丰富了上市公司资源配置、融资及资本运作的途径，有利于公司理顺业务架构，拓宽融资渠道，获得合理估值，完善激励机制，相信不少上市公司都在做这方面的准备工作，这也丰富了董秘从业者的择业范围和工作方向。

《上市公司股东发行可交换公司债券试行规定》是个值得关注的规则，不少朋友对上市公司股东的减持规划会比较头痛，通过可交债可以使得上市公司的限售股更能够有控制、有节奏、相对均匀地进入流通市场，不妨是一种选择。

3. 收购与资本运作类。与发行类的相似，主要为程序性和补充性的规定。开展重组工作建议关注《上市公司监管指引第 9 号——上市公司筹划和实施重大资产重组的监管要求》，对重组期间的信息披露、保密要求做了具体规定。

除了期权、限制性股票的股权激励模式外,《关于上市公司实施员工持股计划试点的指导意见》也为员工作为股东投资公司提供了新的途径,配合股份回购、锁定、考核等资本运作和管理动作,在员工持股的基础上也具备了激励的属性,也成为近几年上市公司资本运作的新选项。

近年来,上市公司对股份回购的热情越来越高,据21世纪经济报道信息,2019年上市公司回购次数高达1492次,2020年的年度回购次数为1322次。从回购规模看,2019年总规模为947.75亿元,2020年为895.87亿元,可见股份回购已成为上市公司重要的资本运作的方式,回购+股权激励/可转债的经典资本运作组合拳也成为很多上市公司的新选择。关于回购可以了解《上市公司股份回购规则》《关于上市公司以集中竞价交易方式回购股份的补充规定》《关于支持上市公司回购股份的意见》等,上述规则具体规定了回购实施的方式、程序、披露要点,是《公司法》关于回购条款的具体执行规则。

4. 上市公司运作类,这当中又分为以下几个小类别。

(1) 信息披露类。如前文所述,信息披露的各项规则是立体多层次的,以《证券法》为纲领,以《上市公司信息披露管理办法》为基础,证监会制定了一系列信息披露的具体性规定,在日常工作中也应非常重视,其中以《公开发行证券的公司信息披露内容与格式准则》《公开发行证券的公司信息披露解释性公告》这两个系列文件为代表,对上市公司定期报告、临时公告的内容、格式、披露标准进行了界定,上述文件更新频率较高,实操中经常会遇到制度有更新,而我们的公告还参照之前的模式编写披露,因此导致披露的不准确,建议大家准备公告时查一下相应的规则是否有新的调整,从而避免发补充或更正公告的情况。

(2) 公司治理类。主要有《上市公司治理准则》,其界定了上市公司控股股东、股东会、董事会、监事会和高级管理人员在公司治理当中的角色、定位及职责范围,保障上市公司的独立运作。大家经常关注的董事会战略、审计、提名、薪酬与考核四个委员会的组建要求就是在这个规则中体现的。

《上市公司章程指引》为上市及拟上市公司制定、修改公司章程时需参考的指引性规则，对一些条款的设置提供了要求或建议。

另外，还有《上市公司股东大会规则》《上市公司独立董事规则》《上市公司监管指引第 1 号——上市公司实施重大资产重组后存在未弥补亏损情形的监管要求》《上市公司监管指引第 2 号——上市公司募集资金管理和使用的监管要求》《上市公司监管指引第 3 号——上市公司现金分红》《上市公司监管指引第 4 号——上市公司及其相关方承诺》也建议整理到汇编当中。

（3）规范运作类。重点关注以下内容。

《上市公司监管指引第 5 号——上市公司内幕信息知情人登记管理制度》对内幕信息的管理、知情人的管理进行了规定，即要求知情人保守秘密、禁止交易并予以登记记录的法定依据。

《上市公司董事、监事和高级管理人员所持本公司股份及其变动管理规则》《上市公司股东、董监高减持股份的若干规定》对重要股东、董监高的持股变动的限制、程序、披露要求等进行了界定，在处理股权变动时我们要及时反馈给股东、董监高，防止违规交易。

《上市公司投资者关系管理工作指引》对上市公司与投资者沟通的内容范围、沟通方式与渠道、媒体关系、组织设置与管理等事项进行了指导，是开展和规划投关工作的具体指引。

接下来是关于关联交易、对外担保文件，主要是《关于规范上市公司与关联方资金往来及上市公司对外担保若干问题的通知》《上市公司监管指引第 8 号——上市公司资金往来、对外担保的监管要求》，这些文件虽然历史较为久远，但一直是对上市公司对外担保范围界定、关联交易管控、维护上市公司独立地位的重要制度保障。

最后是股权分置改革类，这一部分文件基本退出历史舞台，但是个别公司仍会涉及这些规定，各公司按需求决定是否增加本部分内容。

经过上述介绍，我们将上市公司监管相关的法律、行政法规、部门规章和证券监管机关的规范性文件进行了梳理，并对部分重要的文件做了个简要的介绍，这些文件组成了《上市公司监管法律文件汇编》的上卷。那中卷和下卷又有哪些重点内容？使用和简化这个法律文件汇编的方法又是什么？在

38. 如何通过法律文件汇编提升业务能力？

信息如此发达的时代，这么费劲地整理这个法律文件汇编还有什么用？我们后面接着讲，咱们下回见。

38.2 法律文件汇编中卷

法律文件汇编的上卷的法律文件层级较高，更多的是一些大的方向上的把控以及重大的资本运作项目上的规定，与我们日常的工作隔得较远，相比之下，中卷的法律文件可以说是我们日常工作最重要的规矩——其主要是交易所、登记公司自律性规则和业务规则，对上市公司规范运作、证券事务工作的开展方式、流程节点、风险把控等有着明确的指向性作用，使用的频率要高于上卷。

38.2.1 交易所自律性规则

在我国，证券交易所具有独特的法律属性，其既不同于一般的法人组织，也不同于国家行政管理机构，而是介于两者之间的有特别行政授权的自律性管理组织。证券交易所与上市公司通过上市协议确认双方的法律关系：上市公司通过上市协议将部分权利让渡，从而实现证券交易所对上市公司的组织内部自律性管理。所以说交易所的规范性文件在法律效力层级上虽然只能算是内部规定，不具有普遍的约束力，但是对于上市公司而言就是关系到上市地位及资本市场形象的生死簿了，条件允许的情况下，应将各文件重点研读，在开展日常工作的时候应对照着这些文件进行，保障公司运作规范，树立管理透明的市场形象。

交易所文件的来源单一，在上海、深圳和北京证券交易所的官网中有法律法规的专栏，里面有完善的交易所规则资料库，建议从此处下载文件，并注意跟踪最新的修改。在规则体系上，大致分类方式如图 38-1 和图 38-2 所示。

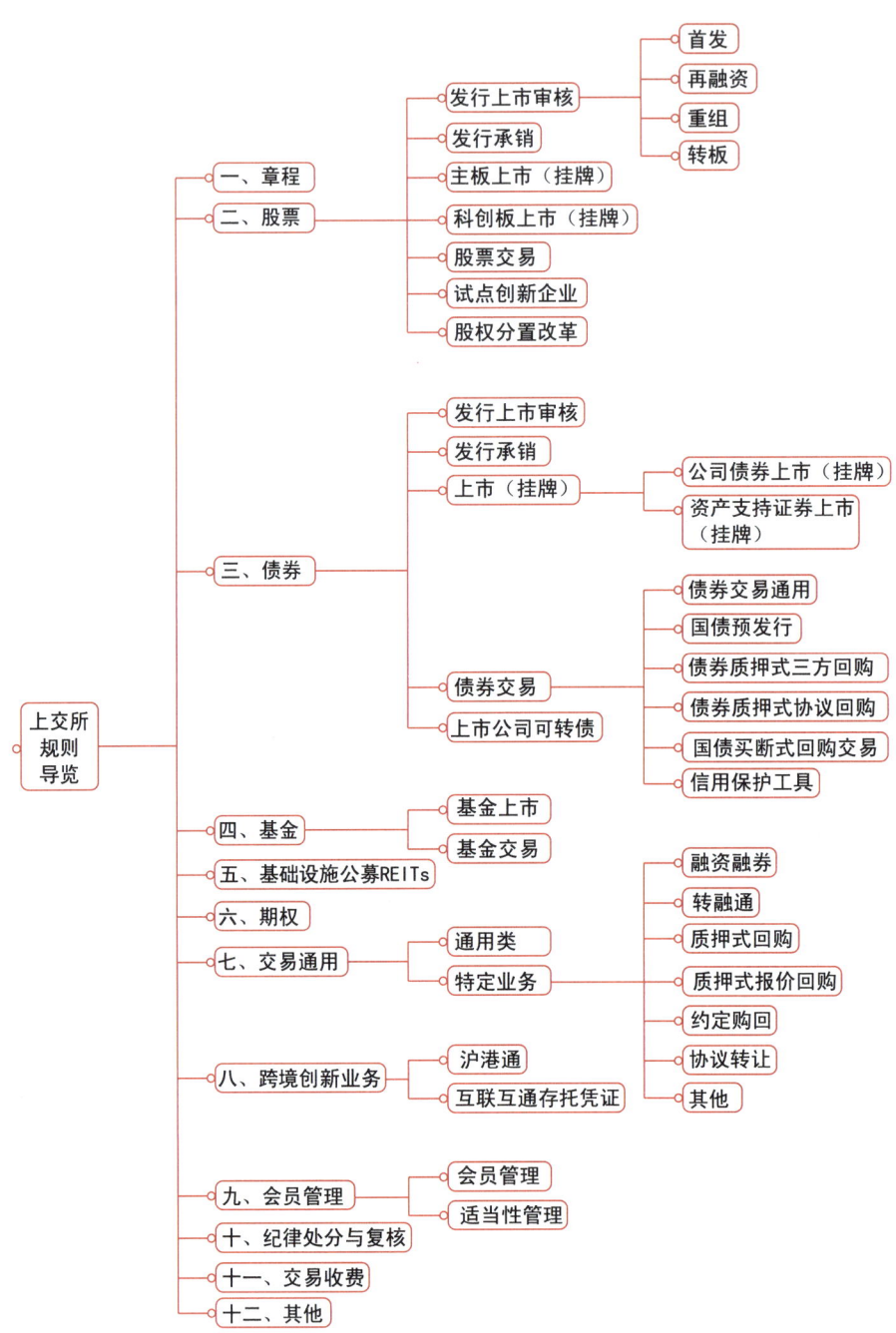

图38-1　上交所规则导览

资料来源：上海证券交易所官网。

38. 如何通过法律文件汇编提升业务能力？

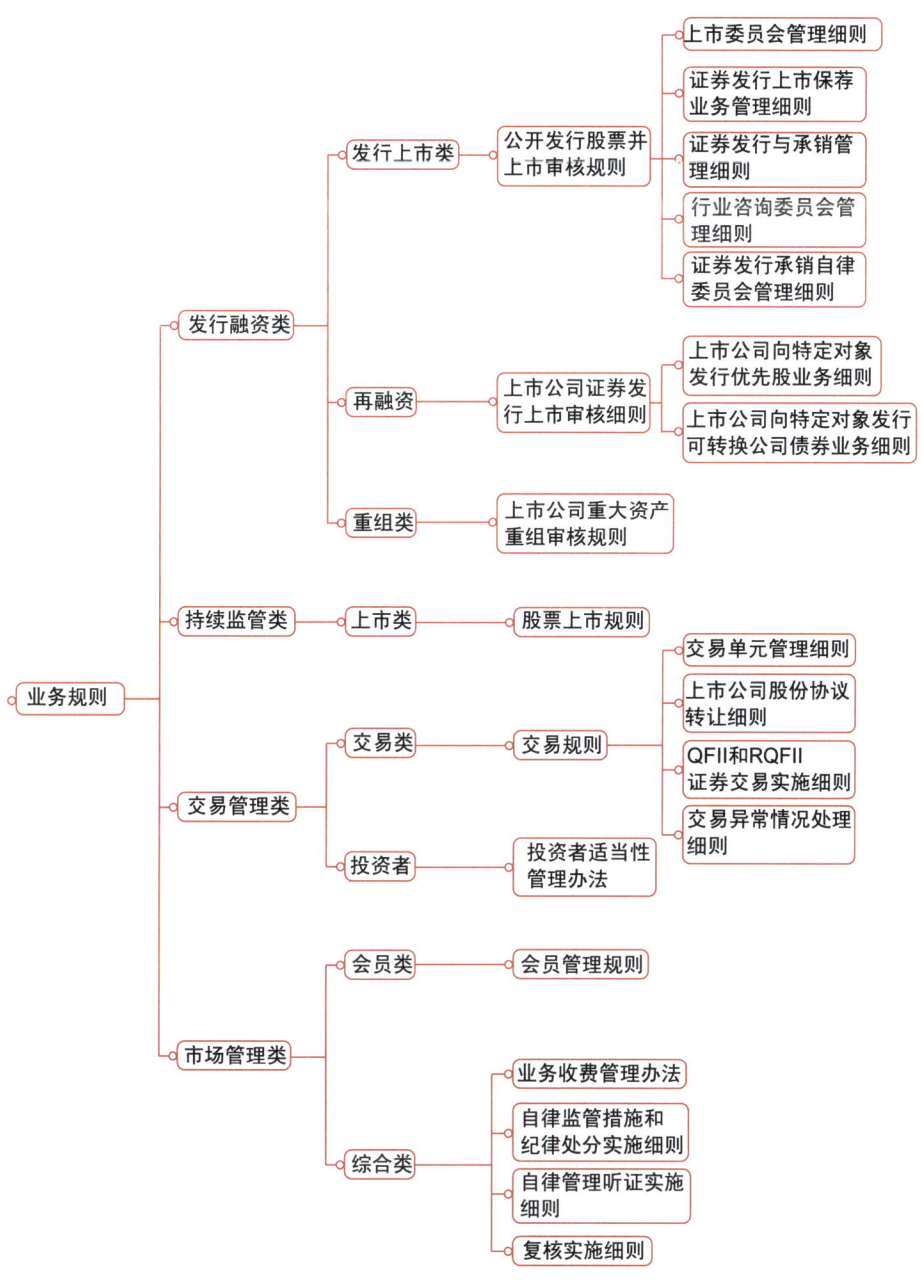

图 38-2　北交所业务规则

资料来源：北京证券交易所官网。

我们可以看到交易所的章程是其组织和开展工作的"母法",根据业务类别又划分了股票、债券、基金等序列,对上市公司开展业务而言,最重要的便是股票类和债券类的规则体系,我们着重对此进行研究和梳理。众所周知,我国目前有三个证券交易所——上海证券交易所、深圳证券交易所和北京证券交易所,他们的规则体系都是在《公司法》《证券法》及证监会相关规章制度的指导下,结合板块设置的特点和目标上市公司的监管个性要求,制定了整体脉络相通但是执行上略有差异的系列规则,所以在梳理时依旧参照证监会文件的划分方法,建议分为如下几类整理进我们的法律文件汇编中。

1. 纪律处分与复核类。主要是《深圳证券交易所自律监管措施和纪律处分实施办法》《上海证券交易所纪律处分和监管措施实施办法》《北京证券交易所自律监管措施和纪律处分实施细则》,各交易所的《上市公司自律监管系列指引》《纪律处分实施标准》《自律管理听证实施细则》《上诉复核委员会工作细则》等开展自律性监督管理工作的程序、标准、责任划分及上市公司的复核救济途径等,日常工作当中遇到的较少,在接到交易所的监管意见时可以参考一下,准备对应方案。不少朋友对上市公司的行政处罚、监管措施和交易所纪律处分、自律性监管措施的差别搞不清楚,对于不同的监管处理对上市公司的影响也难以判断,收到问询和关注函件是否就是受到监管处分……这些事项我们有机会通过课程或现场交流与大家共同探讨。

2. 发行及资本运作类。也是上市公司发行证券时涉及的文件,上市/拟上市公司在整理文件时将各交易所《股票发行上市审核规则》《上市公司证券发行上市审核规则》《上市委员会管理办法》《发行上市审核业务指引(系列文件)》《上市公司重大资产重组审核规则》等予以整理,加以研习;《上市公告书内容与格式(指引)》是公司发行股票上市时所需参照的信息披露格式,是公司给监管机构、投资者、媒体的第一印象,其意义毋须赘述。

3. 上市公司运作类。这些文件往往是公司在规范运作中的操作指引,是重中之重,可以说是渗透到上市公司董办工作的每一条毛细血管中,首要的便是各板块的《股票上市规则》,《上市规则》可以说是上市公司的"宪法",对上市公司的公司治理体系、重大事项审议流程、信息披露、停复牌、退市风险等进行了详细的规定，熟读《上市规则》也是董办工作人员的基础能力，与之配套的还有深交所主板《深圳证券交易所上市公司自律监管指引第1号——主板上市公司规范运作》、创业板的《深圳证券交易所上市公司自律监管指引第2号——创业板上市公司规范运作》和上交所主板的《上海证券交易所上市公司自律监管指引第1号——规范运作》、上交所科创板的《上海证券交易所科创板上市公司自律监管指引第1号——规范运作》等文件，是对《上市规则》的进一步指引性细化规定，在开展相关事项时予以关注。

交易所是上市公司关于信息披露的具体监督和管理的前沿单位，上市公司的公告也是通过交易所的系统发出的，因此交易所在《上市规则》的基础上又进一步通过信息披露指引、业务指引、自律监管指南等方式将信息披露的程序、披露要点等进行了说明，对上市工作常涉及的需进行披露事项进行了较为详细的说明，并提供了相应的模板，如《深圳证券交易所上市公司自律监管指南第2号——公告格式》《深圳证券交易所创业板上市公司自律监管指南第2号——公告格式》《上海证券交易所上市公司自律监管指南第1号——公告格式》《科创板日常信息披露公告格式（系列文件）》《北交所上市公司持续监管临时公告格式模板（系列文件）》是我们撰写公告时最常参考的文件，建议在发布所有公告前，都要比照这些文件确认审批程序是否合法、披露内容是否合规、报备文件是否完备。

当然，深交所《深圳证券交易所上市公司自律监管指引第11号——信息披露工作考核》和上交所的《上海证券交易所上市公司自律监管指引第9号——信息披露工作评价》也是我们不可忽视的文件，很多朋友非常关注每年信息披露的评级，却不知道评级的相应机制和规则，哪些事项将影响评级，建议对该文件进行梳理和学习，会为我们的信息披露管理提供方向（北交所尚未对信息披露开展分级评价工作）。

4. 债券、权证类。随着2015年下半年开始的债券市场融资热潮，公司债、可交换债等融资工具越来越被上市公司重视，如果公司资产负债结构较优、现金流较为充足、信用评级较理想的话，债券融资是个好的选项。有这方面需求的公司根据自己所在的交易所需要对《公司债券上市规则》及各交易所的自律监管指引适配规则《可转换公司债券》等进行了解。

5. 办事指南类。即交易所发布的自律监管指南《业务办理》，指引我们如何办理与交易所相关的业务，在办理相关业务时应予以重视。

38.2.2　登记公司规范性文件

登记公司的文件一般都是办事业务指引类的文件，主要也是在其业务开展的规则和程序，如《证券质押登记业务实施细则》《证券发行人业务指南》等指引性文件，在办理登记相关业务时提前对这部分文件进行了解，重要程度较弱。

以上便是交易所自律性规则的体系及重要文件的说明，各公司可以依据自身的发展阶段、行业特点、所在板块、资本运作策略安排等需求自行选择文件梳理的范畴。中卷整理好了，下卷内容还有啥，怎么快捷使用这个法律文件汇编？我们后面接着讲。

38.3　法律文件汇编下卷

很多同行在整理法律文件时往往非常重视监管部门的法律法规，却忽略了公司内部的制度文件，公司内部的制度文件一定要随着监管法规的修订而及时调整，不少经历过现场检查的上市公司会收到监管部门提出的公司内部制度不符合监管法规规定，要求予以修订的整改意见；因为不及时修改内部制度，也容易出现公司的某项决策程序、处理的方式符合现行的监管法规，但是却不符合公司内部制度的情况，这种忽视造成该事项决策、处理违反公司内部制度或程序，存在股东起诉公司董事会、股东大会决议无效或撤回相关行为的风险。

公司的内部文件，如《章程》《董事会议事规则》《股东大会组织规则》等文件在发布后对公司就有了约束力，而且这些文件也是对外披露的，很多公司在制定内部文件时基于当时利益的考虑，可能会有一些特殊的规定，如董事会所有事项均需 2/3 以上董事审议通过、投资项目在法定标准之下就需要聘请独立财务顾问等，由于这些文件是已披露的公司管理制度，股东有权利要求公司依据这些规定开展工作，在诉讼时可以作为诉讼依据，这些规则一旦忽视，很可能造成管理风险。

以上便是法律文件汇编的相对完善的内容体系，各公司可以依据自身的发展阶段、行业特点、资本运作策略安排等进行调整。

38.4 整理上市公司法律文件汇编有什么用？

经过了上面的介绍，大家对上市公司监管规则体系有所了解，看完这些文章，不少同行对法律文件汇编的方案跟我进行了交流，觉得确实需要自己花一番心思梳理将法律文件系统地学习梳理一下，从而形成自己的规则知识脉络体系，但也有不少朋友觉得这个方法太麻烦，太浪费时间，没什么实质作用，主要质疑如下。

38.4.1 质疑一：现在查询非常方便，为什么还要费劲的自己整理？

有朋友留言说自己整理太麻烦，易董的价值法库服务就可以全部搞定。这个观点我只敢认可一半——易董法库确实是一个非常好的工具，上市公司监管的法律文件齐备，我在整理法律文件时主要就是靠价值法库来搜寻相关的法律文件，并通过其下载功能将这些文件导出 word 版本并予以编排。

易董的价值法库（图 38-3）拥有 IPO、上市公司、证券公司、债券、并购重组、新三板、基金、银行、数字经济、行业十大热点法库，法律法规数量 35000+，条款 260000+。同时，首创业务分类智能检索模式，专业分类，精准阅读，高效便捷。个性化标签设置，无需整理、更新法规，一键查询，简单便捷。

易董价值法库的法规详情页（图 38-4）的功能也非常强大实用：法规法条历史沿革、修订对照功能，可以协助我们第一时间了解、掌握法规的最新动态；条文释义、官方要闻与说明、易董解读干货，协助我们快速理解法规；再结合相关违规案例与问询函件的学习，加深印象。还有收藏笔记、字号背景切换等功能，全方位助力掌握政策动态。

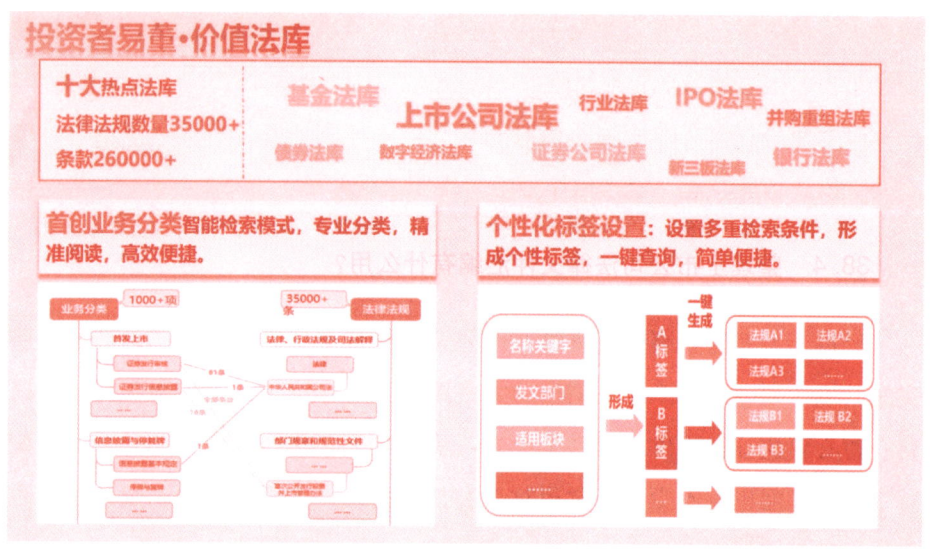

图 38-3　易董价值法库示例图

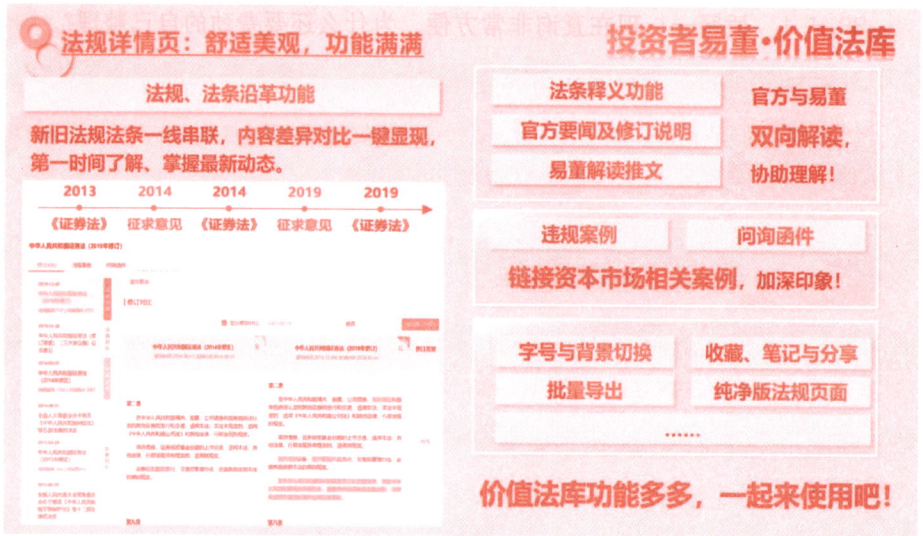

图 38-4　易董价值法库法规详情页示例图

但有了这个好用的渠道和工具并不代表我们就掌握了这些规则，就像我们为了强化自己买了很多的书和课程，但我们没有去阅读领会和消化实践，很难说就实现了认知的升级。我认为做法律文件汇编的过程其实就是一个知识体系的理清关系和系统掌握的过程。我们可以类比一下，2020 年我国将民

38. 如何通过法律文件汇编提升业务能力?

事法律进行了整理、修改、合并,颁布了第一部《民法典》,成为了我国法制史上一个里程碑的事件(见图38–5)。

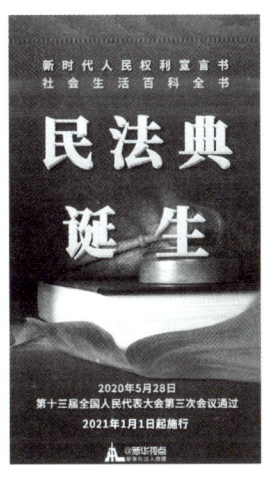

图38–5 《民法典》诞生宣传图
资料来源:新华社官方微博。

要知道我国在颁布《民法典》之前不是没有民事法律,《民法总则》《物权法》《合同法》《侵权责任法》《婚姻法》等单行法律均已颁布施行,为什么还是要整合成法典呢?其中很重要的原因便是通过汇编减少民事单行法之间经常出现的适用不协调情形,不同单行法律规定的民事权利散乱零碎甚至互相冲突,导致法院在审判中经常遇到法律适用上的困境。有了统一的民法典,民事立法的整体效应和体系效益得以显现,基本精神和保障功能得以发挥,运作中能够尽可能地减少摩擦[①]。

同样,我们在进行规则体系汇编梳理之后,我们会理出监管规则的主线脉络,更新上卷、中卷的外部规则后,也会联想到下卷公司的规则体系内容是否匹配,从而及时更新公司的规则体系,并由此调整公司内部内控体系和流程管理,提升公司的合规管理质量。

另外,通过法律文件汇编搭建属于自己的监管规则知识体系,在遇到相关事项时的判断和处理时的效率、可执行性和准确性便会优化很多,从而更

[①] 宋刚. 有了单行法,为何还需民法典? 半月谈,2020年第10期.

好地完成上市公司规范运作和公司治理这一基石性的工作,并从合规出发更好地为公司谋划资本运作和经营战略。

38.4.2 质疑二:法律的搜集、整理、汇编都是基础工作,能否提升自我?

表面上看法律文件的整理和汇编这项工作很简单,就在价值法库或者证监会、交易所网站上复制粘贴就可以解决这个问题。其实我们在做法律文件的收集和整理的过程当中,并不是说是把它复制粘贴就结束,而是我们要看一下这些规则大致是什么内容,与我们的业务是否相关,新颁布或修改的规则到底有哪些调整和变化等。在整理过程中学习,我们无意间就构建整个规范运作思维的基础,是一个系统性提升自我的过程。

38.4.3 质疑三:公司聘请了法律顾问,他们是专业的,还需要整理吗?

当前很多公司会聘请律师或专门的证券合规咨询公司来协助公司开展规范运作公司,毋庸置疑这些专业人士的专业能力是非常强的,因此第三方机构担任复核和把关的角色更为合适,但并不能替代董秘从业者本身规范运作的业务能力,毕竟规范运作是董秘指责体系的基础一环,所谓基础不牢地动山摇。

如前面董秘从业者和团队定位章节所述,董秘职责定位航船模型中,规范运作确保合规运营,公司治理提升管理效能,构成了上市公司这艘航船的压舱石,保障公司信誉良好、运营安全,能够在企业征途上平稳前行。

另外,规则往往不都是具体定量的表述,定性表述或者有一定的区间性的规则在我们日常规范运作管理中经常会遇到。在对这类规则认知上,中介机构往往更强调严格和固定的执行规则,但是我们从上市公司员工的视角来看,有时候我们也会从规则的弹性角度来合理地利用规则,为公司争取更大的利益。这也是让合规体现价值的具体表现,通过梳理学习法律文件并汇编成册我们掌握了规则体系和监管逻辑,将更好地创造价值。

38.4.4　质疑四：汇编文件太多了，工作当中只用了小部分，太浪费时间！

诚然上市公司监管的法律文件可谓卷帙浩繁，我在整理的时候也用了两个多月的时间，但我们提到了具体编制汇编时通过索引和目录，把这些散落庞杂的规则整理成一个有结构的文件，我们举一个法律文件汇编使用的具体例子，来看一下法律文件汇编是否只是在浪费时间？

例如我们经常会碰到的问题——关联交易事项该如何处理？

首先我们来搜索关联交易这个关键词，如图 38-6 至图 38-8 所示，可以直接索引到《上市规则》的第十章，同时也会将《规范运作指引》《信息披露指引》中关于关联交易的规定进行一次性的覆盖，通过这种索引方式，我们可以找到审议、披露关联交易时的注意事项：审议标准是什么？程序如何？有哪些例外和特殊事项？独立董事如何发表意见？通过这种方式可以在不同规则当中进行一个交叉确认。

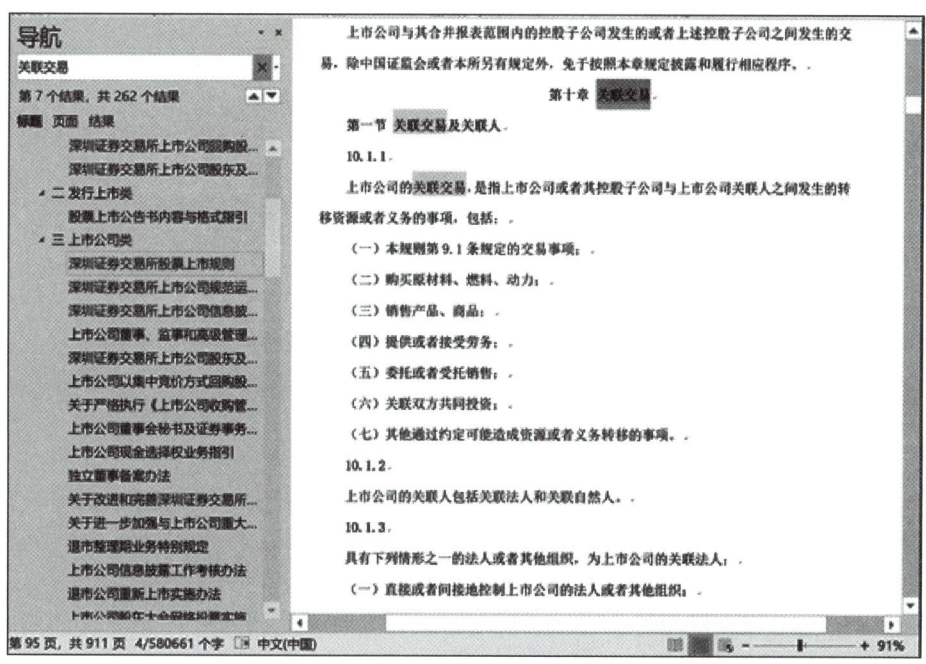

图 38-6　索引示意图

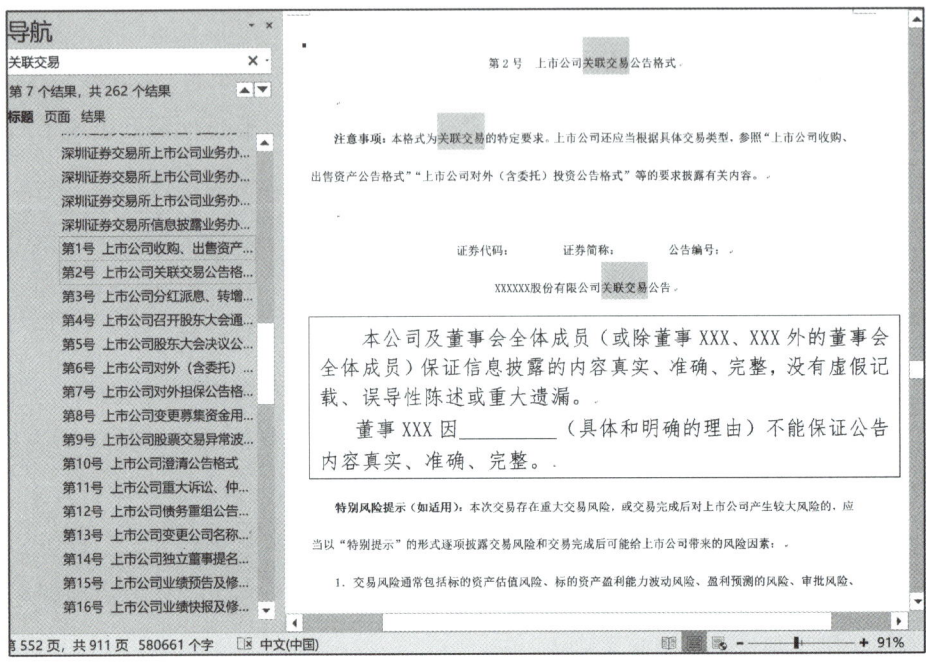

图 38-7　索引示意图

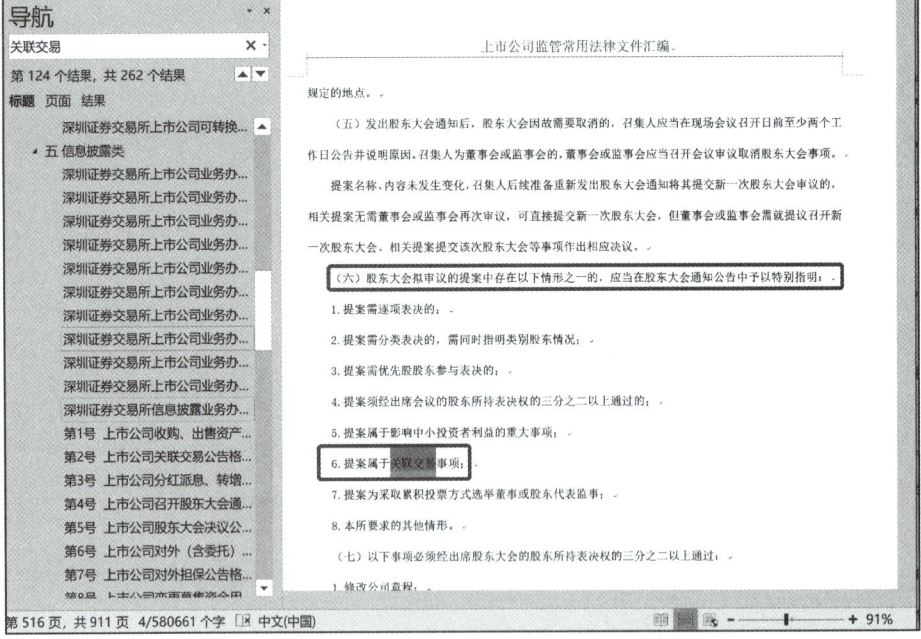

图 38-8　索引示意图

38. 如何通过法律文件汇编提升业务能力？

再往下看，我们会找到《信息披露格式指引》，我们据此格式编写议案和公告。当然我们也会找到在相关度不那么强的其他规则中对关联交易的管理，如在定期报告当中关联交易如何做持续披露？在证券发行当中如何来披露关联交易？在股东大会涉及关联交易的时候，应该如何安排？

通过汇编我们可以非常好地把散落在各个法律条文当中的规定，通过关键词搜索的形式一次性找到并掌握。这也是为我们下一步做工作手册打基础。

38.4.5 质疑五：汇编整理好了，也就董办人看看，对公司没有意义。

上市公司监管的法律文件汇编是一个整合式的文件，相当于工具书，是上市公司规范运作管理的一部字典，确实内容相对较多，不能是直接给其他公司业务部门同事掌握学习。别急，法律文件汇编才是我们下一步工作的一个起点，我们下一步工作便是在法律文件汇编的基础上做减法，形成可供公司财务、业务、法务等部门快速理解使用的规范运作、信息披露管理手册，提高董秘合规管理的效率，手册的编制方法，篇幅所限，我们下节见分晓。

39. 如何让业务部门掌握上市公司监管规则？

我们在编纂完法律文件汇编后，实际上就是进行了法律法规库的基础建设和梳理，相当于上市公司规范运作管理的一部字典，虽然通过索引法可以较为便捷的定位相关规定，但规则相对较多，不能直接给公司其他业务部门同事掌握学习。

众所周知，我们作为董事会办公室或证券部，毕竟只是公司的一个业务部门，在规范运作和信息披露管理中，我们往往是财务、法务、总经办、宣传营销、销售等业务部门的下游，如何让上述部门同事了解与他们业务相关的监管规则，明确哪些业务须经董事会审批后方可开展，哪些信息内容在完成信息披露程序后方可发布也是我们的一项重要工作。此时将这么大量的文件交给兄弟部门时，他们往往会自顾不暇，很难达到业务对接的目的，此时法律文件梳理的减法就派上了用场。

所谓的减法实际上就是在上市公司监管法律文件汇编的基础上，将日常工作中最常涉及的需要通过公司"三会一层"审批或者信息披露后方可实施的业务类别分别摘出来，进行分类整理，结合公司的实际财务情况、表决程序等，整理成《规范运作及信息披露指引手册》，发给业务部门进行学习了解。

因为在信息披露工作中财务部门与董办打交道最多，财务部门习惯使用表格的方式呈现，为了便于财务部门的理解和掌握，并有条理的显示规则依据和判断标准，我个人建议用Excel表格化陈列，这样比较直观，容易让非董办人员较快的掌握。整个手册依旧采用总分的结构，建议分为三个部分。

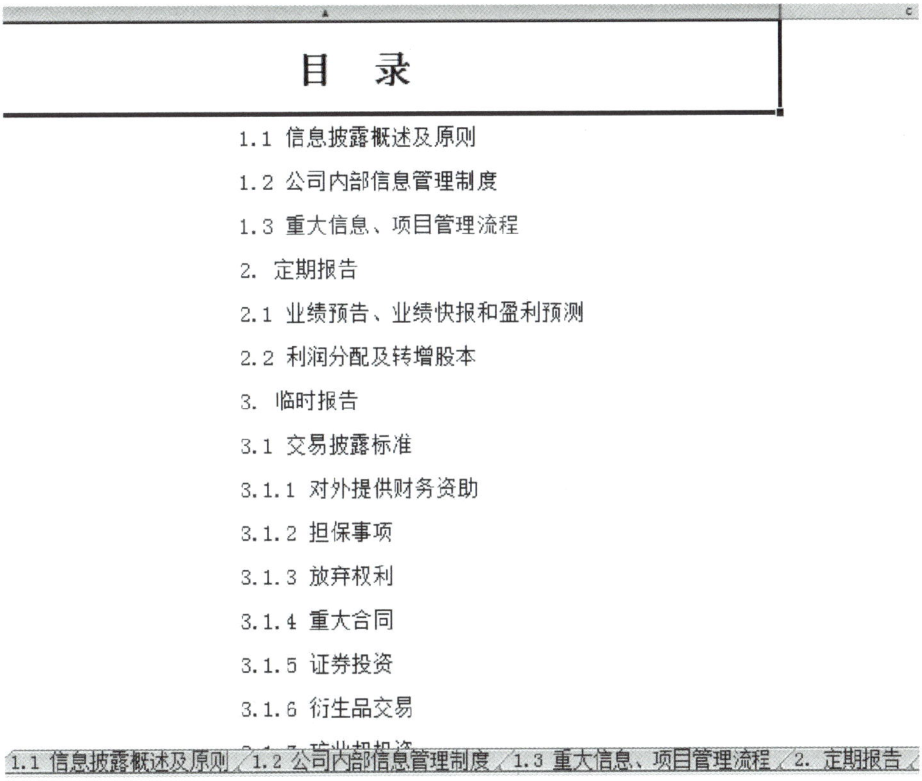

39. 如何让业务部门掌握上市公司监管规则？

目 录

1.1 信息披露概述及原则
1.2 公司内部信息管理制度
1.3 重大信息、项目管理流程
2. 定期报告
2.1 业绩预告、业绩快报和盈利预测
2.2 利润分配及转增股本
3. 临时报告
3.1 交易披露标准
3.1.1 对外提供财务资助
3.1.2 担保事项
3.1.3 放弃权利
3.1.4 重大合同
3.1.5 证券投资
3.1.6 衍生品交易

| 1.1 信息披露概述及原则 | 1.2 公司内部信息管理制度 | 1.3 重大信息、项目管理流程 | 2. 定期报告 |

图 39-1 上市公司规范运作与信息披露指引手册目录示例

39.1 总则

该部分的内容主要就是将规范运作和信息披露的基本原则列示出来，让其他业务人员对我们的业务有个大概的理解；同时也将公司内部的规范运作与信息披露制度进行简单总结，将要点陈列，让业务人员认识到相关的法律责任；如果公司有内部的管理流程图或者规范运作的矩阵，建议也将其放在总则部分，让业务部门同时了解工作流程和各节点的对接人。大致方式如表39-1所示。

表 39-1　　　　　　　　　信息披露概述及原则

信息披露含义	指按法律、行政法规、部门规章、规范性文件、《股票上市规则》《公司章程》及其他相关规定，在中国证监会指定媒体上公告信息。

187

续表

及时、公平信息披露应注意事项	上市公司在保证公平信息披露方面应当： 1. 上市公司及相关信息披露义务人应当同时向所有投资者公开披露重大信息，**确保所有投资者可以平等获取同一信息**，不得私下提前向特定对象单独披露、透露或泄露； 2. 上市公司及相关信息披露义务人应当严格遵循公平信息披露的原则进行信息披露，**不得实行差别对待政策，不得有选择性地、私下地向特定对象披露、透露或泄露未公开重大信息**； 3. 上市公司及相关信息披露义务人应当根据及时性原则进行信息披露，**不得延迟披露**，不得有意选择披露时点强化或淡化信息披露效果，造成实际上的不公平； 4. 上市公司应当建立、健全信息披露内部控制制度及程序，保证信息披露的公平性；上市公司应当对以非正式公告方式向外界传达的信息进行严格审查和把关，设置审阅或记录程序，防止泄漏未公开重大信息； 5. 上市公司（包括其董事、监事、高级管理人员及其他代表公司的人员）、相关信息披露义务人接受特定对象的**调研、沟通、采访**等活动，或进行对外**宣传、推广**等活动时，**不得以任何形式披露、泄露未公开重大信息**，只能以已公开披露信息和未公开非重大信息作为交流内容。否则，公司应当立即公开披露该未公开重大信息。
公平信息披露中重大信息应包括内容	公平信息披露是指上市公司及相关信息披露义务人应当同时向所有投资者公开披露重大信息，确保所有投资者可以平等获取同一信息，不得私下提前向特定对象单独披露、透露或者泄露。 **重大信息**是指对上市公司股票及其衍生品种交易价格可能或者已经产生较大影响的信息，**包括**但不限于下列信息： 1. 与公司**业绩、利润分配**等事项有关的信息，如财务业绩、盈利预测、利润分配和资本公积金转增股本等；**参见本手册2** 2. 与公司**收购兼并、资产重组**等事项有关的信息；**参见本手册3.6** 3. 与公司**股票发行、回购、股权激励计划**等事项有关的信息； 4. 与公司**经营事项**有关的信息，如开发**新产品、新发明**，订立未来重大经营计划，获得专利、政府部门批准，签署重大合同；**参见本手册3.1.4** 5. 与公司**重大诉讼或者仲裁**事项有关的信息；**参见本手册3.3** 6. 应当披露的**交易和关联交易**事项有关的信息；**参见本手册3.1及3.2** 7. 有关法律、行政法规、部门规章、规范性文件、《股票上市规则》《上市公司规范运作指引》和深交所其他相关规定规定的其他应披露事项的相关信息。

39. 如何让业务部门掌握上市公司监管规则？

我们可以看到在编写手册时，我将重点的内容进行了标记，让大家在使用和阅读手册时可以一目了然；同时在部分内容后面，将手册后面的专题部分进行了指引，当遇到相关问题时就可以直接翻到相关的章节阅读；另外，我们依旧采用相关性的原则，将与上市公司规范运作和信息披露相关的内容进行了摘录，相关性较弱的部分进行了省略；后面两个章节的编辑方式也参考上述方案，后面不再赘述相同的部分。

39.2 定期报告

定期报告是上市公司向股东、投资者汇报运营情况的最主要载体，对于定期报告的监控也是监管机构的工作重点，而定期报告又是需要公司的董办、财务部门、业务部门、公关部门多方合作的才能完成的，这部分的梳理应单独成编，其主要内容就是定期报告以及业绩预告、业绩快报、利润分配等方面的相关规定，主要呈送的业务部门可以为财务管理部门、投资部门、下属子公司的高管等。大致的呈现方式如表 39-2 所示。

表 39-2　　　　　　　　　　　　定期报告

服务对象	财务部、××子公司
定期报告内容	上市公司应当披露的定期报告包括**年度**报告、**半年度**报告和**季度**报告。
披露时间节点	公司年度报告的披露不应当晚于次年的 4 月 30 日，半年度报告的披露不应当晚于当年的 8 月 31 日，第三季度报告的披露不应当晚于当年的 10 月 31 日。 公司**第一季度报告**的披露不应当晚于当年的 4 月 30 日且**不能早于其上一年度报告**的披露时间。 公司预计**不能在规定期限内披露**定期报告的，应当及时向本所报告，并**公告不能按期披露的原因、解决方案及延期披露的最后期限**。 上市公司应当与本所**约定**定期报告的具体披露**日期**，本所根据均衡披露原则统筹安排各公司定期报告的披露顺序。公司应当按照本所安排的时间披露定期报告。如有特殊原因需要**变更披露**时间的，公司应提前**向本所提出申请**，说明变更理由并明确变更后的披露时间，经**本所同意后**方可变更。本所原则上只接受一次变更申请。

续表

服务对象		财务部、××子公司
定期报告的编报注意事项	非经常性损益的披露	上市公司应当根据《公开发行证券的公司信息披露解释性公告第1号——非经常性损益》的规定，结合公司实际情况和具体经营业务的特点，合理判断非经常性损益项目，按要求在年度报告和半年度报告中进行披露，并对重大非经常性损益项目进行必要说明。 如公司定期报告中的财务会计报告经会计师事务所审计，公司应当要求会计师事务所对非经常性损益项目及其说明的真实性、准确性、完整性和合理性进行核实。 **公司出现在以前年度作为非经常性损益项目列报但报告年度因经营业务等变化导致不再作为非经常性损益项目情形的，应在附注中作出说明。** 公司在定期报告中披露比较期间扣除非经常性损益的净利润时，应当按照最新规定的非经常性损益统一口径计算。

与总则部分有所差异，我们在罗列第二章节定期报告的相关规则前，补充了我们开展规范运作和信息披露工作时所需服务和合作的部门，以便在各个部门拿到手册时知道哪部分内容是自己所需要重视的。

39.3 临时公告与重大事项

临时公告与重大事项部分是上市公司常涉及的"三会"审议及信息披露业务分类汇总，重点是将《上市规则》《规范运作指引》《信息披露指引》当中的重点内容分类整理，依据业务分类化整为零地列明，如表39-3所示。

在上市公司各类的临时公告当中以交易类为主，实践中该类业务往往也是董办工作人员难以及时掌握的类别，现实中交易已经发生董办工作人员却不知情的情况屡见不鲜，在追责时往往会将责任归咎为董办未将监管的法律法规说明清楚，因此整理一个简单易懂的指引尤为急切，我们将散落在《上市规则》《规范运作指引》《信息披露指引》和《公司章程》中的规则整合起来，用列表的模式将资产总额、净资产、净利润、营业收入等分类呈现，并附上公司最近一期的经审财务数据，可以让财务和业务同事直观地看到在达到哪个指标时就要对接我们开展披露，到什么情况需要董事会审议或股东大会审议，从而可以清晰地认知审批程序以及注意事项等。

表 39 – 3　　　　　　　　　交易披露标准

服务对象		财务部、业务部				
	交易事项	交易指标				
		交易资产总额	成交金额	交易产生的净利润	交易标的营业收入	交易标的净利润
交易事项	（一）购买或者出售资产	交易涉及的资产总额高于上市公司最近一期经审计**总资产**的**10%**（最近一期经审计总资产××万元）（账面值与评估值取高）	交易的成交金额（含承担债务和费用）高于上市公司最近一期经审计**净资产**的**10%**（最近一期经审计净资产××万元）	交易产生的利润高于上市公司最近一个会计年度经审计**净利润**的**10%**（最近一期经审计净利润××万元）	交易标的在最近一个会计年度相关的营业收入高于最近一个会计年度经审计**营业收入**的**10%**（最近一期经审计营业收入××万元）	交易标的在最近一个会计年度相关的净利润高于最近一个会计年度经审计**净利润**的**10%**（最近一期经审计净利润××万元）
	（二）对外投资（含委托理财、委托贷款、对子公司投资等）					
	（三）提供财务资助（见3.1.1）					
	（四）提供担保（见3.1.2）					
	（五）租入或者租出资产					
	（六）签订管理方面的合同（含委托经营、受托经营等）					
	（七）赠与或者受赠资产					
	（八）债权或者债务重组					
	（九）研究与开发项目的转移					
	（十）签订许可协议					
	（十一）认定的其他交易					
履行审批程序	信息披露	是	是	是	是	是
	董事会审议	是	是	否	否	否
	提交股东大会审议	高于50%	高于50%	高于50%	高于50%	高于50%
	股东大会特殊表决事项	其中，"购买或者出售资产"以资产总额和成交金额中的**较高者**作为计算标准，并按交易事项的类型在连续十二个月内累计计算，经累计计算达到最近一期经审计**总资产30%**的，除应当披露并进行审计或者评估外，还应当提交股东大会审议，并经出席会议的股东所持表决权的2/3以上通过。				

续表

服务对象		财务部、业务部
履行审批程序	补充说明	1. 除事项（二）至（四）外，上市公司与同一交易方同时发生各项方向**相反的两个交易**时，应当按照其中单个方向的**交易涉及指标中较高者计算披露标准**。
		2. 交易标的为**股权**，且购买或者出售该股权将导致上市公司合并**报表范围发生变更的**，该股权对应公司的**全部资产和营业收入**视为交易涉及的资产总额和与交易标的相关的营业收入。
		3. 上市公司**对外投资设立**有限责任公司或者股份有限公司，应当**以协议约定的全部出资额为标准**。
		4. "提供财务资助"和"委托理财"等事项时，应当以发生额作为计算标准，并按交易事项的类型在**连续十二个月内累计计算**。
		5. 上市公司在十二个月内发生的**交易标的相关的同类交易**，应当**按照累计计算的原则**。
	申请股东大会豁免	上市公司发生的交易仅达到上述交易事项第（三）项或者第（五）项标准，且上市公司最近一个会计年度每股收益的绝对值低于0.05元的，上市公司可以向本所申请豁免提交股东大会审议的规定。

以上便是《规范运作及信息披露指引手册》的编写要点和示例，篇幅所限我无法将全部内容予以呈现，如果有机会我们专门通过课程予以讲解。需要强调的是，手册的制作是在我们之前所讲的法律文件汇编编纂完成后做的减法操作，没有前一步工作，手册也就变成了空中楼阁。

我们将收集到的几十万字的法律文件整合成一本两三万字且分布列表呈现的手册，实现了从归纳思维到演绎思维的升级，也让我们对规则的认知更为立体成体系，手册帮助其他部门在开展业务时能够快速做出判断，并能及时与我们取得联系，也拉通了董办的规范运作与信息披露管理工作与其他部门业务工作的距离，更好地为公司提供服务和创造价值。

生成手册之后，不少朋友觉得还是复杂麻烦，董办同行及业务同事对规则的掌握理解还是不够直观，那有没有更简单直观的方法呢？这么刁钻的问题着实让人寝食难安，但基于本人宠粉的"恶习"，就把自己压箱底行走江湖的最后家当都拿出来，供大家参考！

40. 如何编制审批及披露事项速查表？

由于各种法律文本基于文体限制，基本都是文字化表述的，附带大量的法律术语及指向性条款，这对于非法律专业人士理解掌握起来确实不友好，我们可以在条文文字的基础上做一个再加工，进行一个可视化的处理，将冰冷的法言法语用表格和图形分类整理呈现，来做成一个速查表，能让对接人员做出快速的判断，并及时启动流程。

以大家比较头疼的财务资助处理为例（由于规则差异比较大，案例以深主板和创业板规则为例，上交所上市公司以发生额作为计算标准，并按照交易类别在连续12个月内累计计算），针对公司的控股与否、被资助方的资产负债率、资助的金额、是否与关联人共同投资的主体有不同的审批和披露要求，我们将这些条款梳理成速查表，如表40-1所示。

表40-1　　　　　　　　财务资助审议披露标准速查表

公司持股	接受财务资助的公司负债比率	董事会审批	股东会审批	信息披露
控股（>51%）且关联	资产负债率>70%	需要	需要	需要
	资产负债率<70%	需要	不需要	需要
控股（>51%）不关联	资产负债率>70%	不需要	不需要	不需要
	资产负债率<70%	不需要	不需要	不需要
不控股（<51%）且关联	资产负债率>70%	需要	需要	需要
	资产负债率<70%	需要	不需要	需要
不控股（<51%）且不关联	资产负债率>70%	需要	需要	需要
	资产负债率<70%	需要	不需要	需要

我们看一下如何使用。当要向一个子公司做股东借款时，我们先判断子公司是否持股超过50%以上，并判断该公司其他股东中是否有公司的关联方，

分为四种情况：控股且关联、控股不关联、不控股且关联、不控股且不关联。接下来，我们判断一下资产负债率是否超过70%和本次借款占公司上一年度净资产的比例。做了这些分类判断后，就可以判定该事项是否需要董事会或股东大会审批以及是否有披露要求了。

例如，上市公司为一家控股且没有关联方共同投资的子公司提供贷款时，无论其资产负债、金额等情况，均视为上市公司自身的行为，暂不涉及董事会、股东会审批及临时公告的信息披露要求；又如，在给一家参股45%且没有关联方共同投资的公司提供资助，该公司资产负债率超过70%，则这一项资助需要董事会、股东会审议，并以临时公告对外进行披露……我们以此类推，把不同情况和速查表进行比对，就可以快速地判断所需的程序和披露要求。

对交易、关联交易、担保、与专业投资机构合作投资等事项均可用速查表的方式进行判断，篇幅所限不便一一展示，我们以此来加强业务部门对规则的理解，提升董办人员做出判断的效率。

但有小伙伴又会提出，不对呀，很多时候我们遇到的事项是复杂的，可能一个交易中含有担保、资助等条款，对于这种复合型的事项，我们如何处理？

那下一章这个方法你值得拥有！

41. 如何构建上市公司规范运作事项审批地图？

其实这个审批地图是我用第一性原理的思维方式建构出来的逻辑模型，在正式介绍前我们不妨先设想以下几个场景。

当我们在开展一项资本运作项目，编写一个公告时，是否是从找之前的方案、其他公司的外部案例、或者根据领导的指示为起点，并围绕这些点开展工作的？

这个时候，我们就可以使用易董【重组案例库】及【重组报告书检索】来快速检索所需参考借鉴重组案例。

例如，我们需要检索深交所创业板的重组方式为资产收购，且存在业绩承诺的实施完成重组案例，我们可以这样来操作。

路径一：

1. 点击数据菜单下资产重组模块的重组案例进入，如图41-1所示。

图41-1 易董［重组案例库］页面示例图

2. 在页面上方检索条件处，所属板块选择【深交所创业板】，案例进程选择【实施完成】，业绩承诺选择【是】；页面左侧检索条件处，重组方式选择【资产收购】，即可查询得到对应案例（图41-2）。

图41-2　易董［重组案例库］检索页面示例图

路径二：

1. 点击信披菜单下重组报告书工具模块的重组报告书检索，如图41-3所示。

图41-3　易董［重组报告书检索］页面示例图

2. 在页面上方检索条件处，所属板块选择【深交所创业板】，重组方式选择【资产收购】，业绩承诺选择【是】，案例进程选择【实施完成】，即可查询得到对应案例。

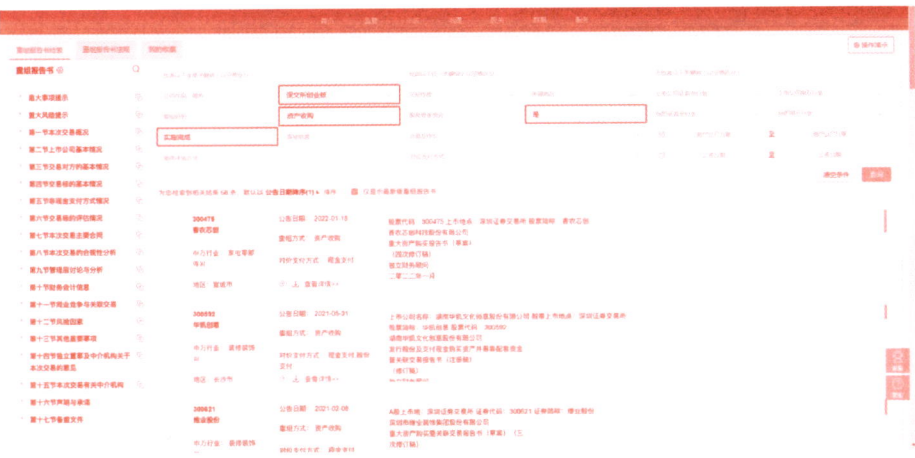

图 41-4 易董［重组报告书检索］过程示例图

3. 另外，点击【查看详情】进入报告书详情页面（图 41-5），输入搜索关键词后，点击【同段】或【同句】功能，可在页面左侧目录处定位关键词所在位置。

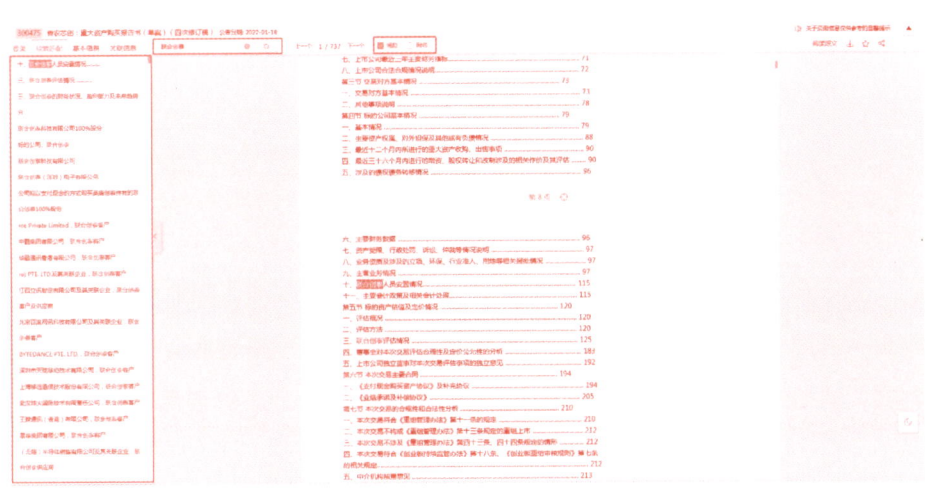

图 41-5 易董报告书详情页面示例图

易董提供的案例搜索功能能够让我们快速的找到可以参考的案例，这种方法和解释的好处就是有了历史、案例、权威的背书，不会出太大的过错，是个安全的方案，也可以做得很优秀，但仿佛还是差点什么，优秀和卓越之间仿佛还隔着第一性原理的思维。

我在日常的工作中用第一性原理思维来搭建思维框架的过程是这样的。

我会尽可能多地收集案例，回顾过往的项目，还有一个爱好便是回答各个同行群中的问题。有朋友好奇地问道："老田你这么日理万机，为什么还有时间回答俺们的问题？"

我说："对我而言，回答问题也是对自己思路的重新梳理，调动自己的知识库，通过回答问题积累案例，从案例量的堆积，归纳出相应的底层逻辑模型、算法，再从这个底层思维模型出发，演绎出来一套方法论，碰到类似问题，甚至是没碰到问题时，通过这个思维模型、算法来解释问题了。"

那我平时又是如何积累自己的案例库的呢？主要还是通过易董重组案例库、非公开发行案例库、回购案例库等积累正向案例，通过易董的违规案例库，可以积累反向案例，正向＋反向相互规则的理解。

图 41-6　案例库示例图

具体在规范运作和信息披露管理中，经常会遇到各种各样非标准的交易、担保、资助、机构合作等事项，对于如何审议、如何披露经常会有各种讨论，其实我们把这些问题抽象成一个逻辑算法后，处理起来的套路也就比较容易了。

41. 如何构建上市公司规范运作事项审批地图？

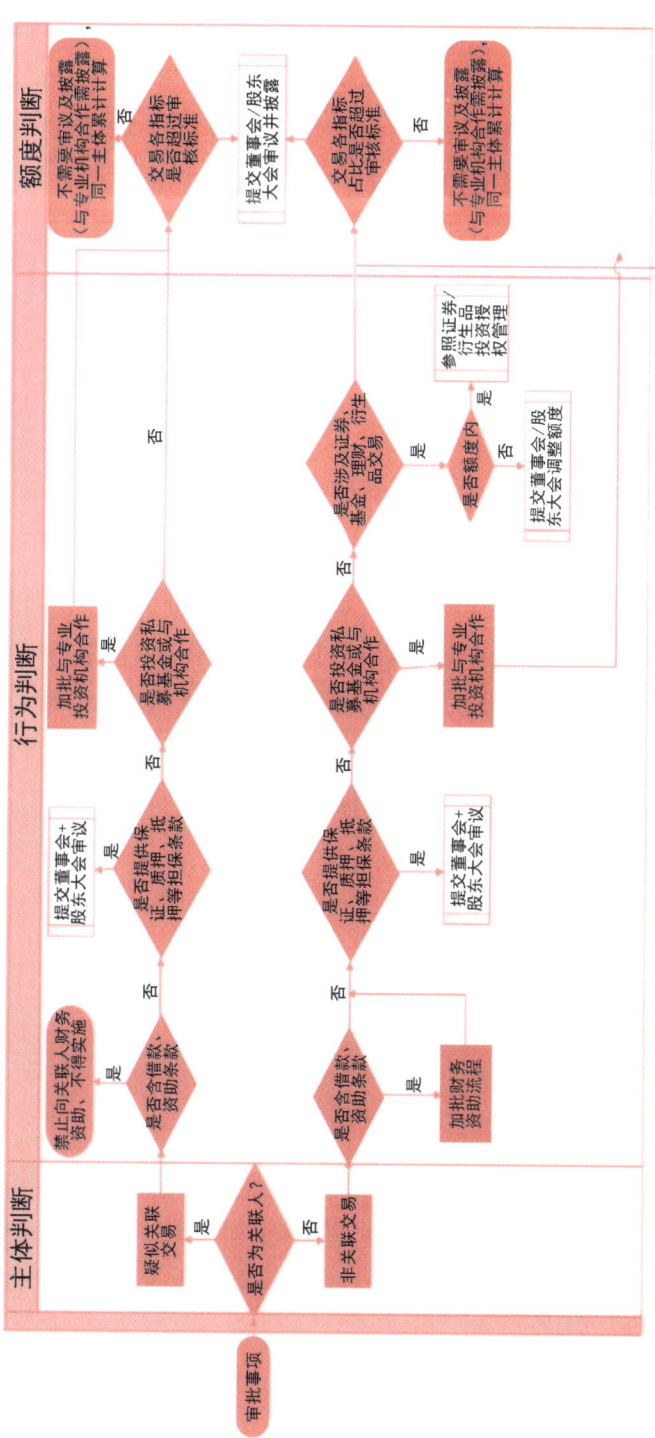

图 41-7 规范运作审批事项管理地图

对于待审批事项我们可以拆分为三个要素：主体、行为、金额，我们从这三个角度一个个去推演。

• 主体判断对方是否是关联方，是否为控股子公司？如果是控股子公司一般不需要审议披露，如果是关联方就进入关联交易程序。

• 行为判断来具体确认这个事项的动作是什么，是交易、担保、资助？以行为定义到适用具体的规范类别中；

• 金额判断来分析本事项的对价、产生的利润、对应的总资产、净资产的额度是否对应到《信息披露管理办法》《上市规则》中对需审议、披露的额度的规定。

经过这个逻辑算法的分析，配合程序性判断的流程图管理工具，基本就可以较为快捷准确地做好相应的判断和管理。举个例子，在一个重大交易中，我们首先判断交易对方是否为关联方，根据关联方和非关联方决定是否启动关联交易的程序，之后判断交易的安排和合同条款中是否涉及担保、资助等条款，以此来判断是否加审这些事项，最终形成走哪些程序的判断。

这个方法虽然快捷，但需要强调的是需要在做好全面法律文件梳理的基础上再去构建，否则基础不牢、地动山摇。

42. 法律文件梳理工作总结

经过了几万字的介绍，我把法律文件梳理加法到减法的思路方案介绍给大家，也把压箱底的内容放了出来，就是希望大家足够重视这一项基础工作。我们通过梳理法律文件就不再是那么繁琐庞杂，在查找引用时能够做到有层次、有章法，但是这也是一个非常枯燥的过程，我在刚入职时用了将近一个月的时间完成了加法的工作，在整理时的结构调整、排版问题等也会造成较大的困扰，需要我们有充足的耐心和严谨的规范意识。

最后还是需要强调以下两点。第一，注意法律文件的时效性，中国社会目前处于一个极速变革的时代，资本市场的改革还在不断地探索，这期间法律文件将会频繁地更新，这就要求我们时常关注政策层动态，即时更新法律文件的梳理；第二，徒法不足以自行，梳理法律文件是为了公司更好地执行法律文件，保障运作规范，我们工作的重点是执行法律而不是了解法律，这也是董办的核心职能和存在的意义！

后 记

最近几次跟董秘朋友们聚会，发现当前是"70后、80后"挑大梁，"90后"新锐开始施展拳脚，好多原来一起探讨交流的证代朋友都升级为董秘了，也有很多默默无闻在证代、IR岗位上坐了十几年，在自己努力证明下也逆袭提拔的。我相信在董秘这个行业里每个人都有机会展现自己，而这种机会往往不是通过跳槽获取，更多还是通过自身的积累和公司价值的认可实现的，也需要我们不断自我精进，归纳总结出一套自己的工作思路和方法，这些不仅是我们在现有岗位的需求，也是向未来更高更远的人生目标前行的储备。

不知何时开始，同行们对我的称谓变成了田老师，我提出的一些理念也潜移默化的成为了行业的标准，很多人好奇我到底是如何做到的。

其实我跟大部分董秘从业者一样，并没有什么传奇的故事和背景，也没什么特殊的机会。在研究生毕业伊始从董事会办公室信息披露专员为职业起点，从基层岗位开始，在做"三会"工作、信息披露的时候不忘往董秘的深度和广度去拓展，慢慢打通管理、资本运作、投资者关系等的知识体系和经验体系，结合自己通过参加课程、阅读书籍、工作总结当中学到的结构化思维工具、管理理念、流程机制等，尝试着摸索一套属于董秘从业者自己的体系化管理工作方法论。开始是在公司的部门年终归纳总结中提出一些理念，在与同行的交流答疑中提出自己的观点，在董秘相关的公众号上投稿自己的研究成果。不少朋友觉得我讲的还是蛮有意义的，希望我能进一步整理思路并分享，于是便有了课程的生成和理论的整合输出：

2019年我开始约七八个朋友线下私享并创办公众号"上市公司思享汇"；

2020年多家机构的邀请分享、输出课程和文章，撰写《董秘宝典》专

后 记

栏，初步形成《董秘管理方法论》的战略、组织、流程、人才管理标准化体系；

2021年将自己的信息披露与规范运作管理经验和方法整理成《规范运作与信息披露法规解读与实操》《公司治理指南》《规范运作风险管理与整改方案》等课程，年底作为最佳董办实践和董秘履职评价活动的评委，在全国最佳实践交流会上分享《董事会办公室管理思维模型》；

2022年在中上协上线《投资者关系管理工作方案》的标准化课程，担任中上协等各项董秘评价活动的评委参与标准制定；

2023年第一部专著《董秘修炼手册》即将出版，我也将董秘价值提升体系的最后一个环节——资本运作与价值重构板块补齐，整理董秘视角下股权激励、并购重组、非公开发行、回购股票等资本运作的内在逻辑和早做方案，至此董秘价值创造体系标准、思路及课程也整理成型……

本书的内容大都来源自我在价值法库公众号上的《董秘宝典》专栏连载，转眼间连载已经一年有余了，可以说连载是个非常反人性的挑战，我既要处理好自己的本职工作，又要坚持写作，并在每周三准时更新文章，经常是截稿前一晚两三点才把文章赶完。在这期间不少读者与我交流探讨，我也会把在交流中的启发整理到文章和课程之中，这一年也让我有机会充分地学习、总结和提升，将管理方法论快速地迭代优化，终于在进一步整理升级后，完成了本书的写作。

本书能够编写，我要感谢在我毕业以来一直培养提携我的TCL，我的很多思路都是在TCL工作和学习中收获和启发的，尤其感谢黄伟先生和廖骞先生两位领导，廖骞先生通过他的言传身教打开了我对资本市场世界观和模型思维方法论认知的大门，黄伟先生公司将我从一名董办执行者提拔为董事会秘书，让我从更高的维度去思考董秘领导力和管理体系。

本书能够与各位读者见面，我更要感谢各位支持和鞭策着我的同行朋友，感谢你们愿意分享自己面临的问题、提出自己的管理思路，对我提出的观点予以批评探讨和打磨优化，并鼓励我坚持研究、分享和写作，终于将整个行业的思考整合归纳到本书中，以期成为行业的共识。

本书是《董秘修炼手册》的第一部，也是我本人第一次尝试写书，提及的一些管理思路、模型和理念也许还略显青涩，还请各位读者不吝雅正。新一季的《董秘宝典》专栏在本书出版时也将在连载中了，我将聚焦董秘的投资者关系管理方案：从投关的整体工作思路，到常用的估值和分析、管理工具、投资人的分类及沟通方案、媒体及公共关系维护、投关部门的职责、流程、机制、人才、梯队的建设，再到年度投关管理方案的策划、实施、考核，全面的进行了介绍，这也将是《董秘修炼手册》系列书籍第二部的主要内容，希望读者们能够喜欢。

田瑞龙
2023 年 3 月

遇见合规
预见未来

关于价值在线
ABOUT VALUEONLINE

深圳价值在线信息科技股份有限公司(简称"价值在线")成立于2015年,是一家总部位于深圳市的国家高新技术企业。价值在线利用人工智能、云计算、大数据、模式分析等技术,为上市公司、拟上市公司、金融机构、监管机构等主体提供AI+SAAS服务产品——"易董"产品,是我国资本市场合规科技与监管科技的代表产品。2021年,价值在线被认定为广东省专精特新企业。2019-2022价值在线连续四年荣获毕马威中国领先金融科技企业50强;"易董"荣获2019年深圳市金融科技专项奖二等奖;2022年,价值在线"IPO数字化赋能平台"荣获"第三届香蜜湖金融科技创新奖·优秀项目奖";2023年,价值在线荣获"深圳知名品牌"称号。价值在线是监管科技&合规科技领域代表性企业,在资本市场已具备一定的品牌及市场影响力。

共创共建资本市场数字化合规生态圈

1项专项数据库
金融合规诚信大数据

7项SaaS产品
① 易董
② 易董价值平台
③ 易董ESG及碳管理平台
④ 易董IPO版
⑤ 易董金融版
⑥ 易董投研版
⑦ 易董舆情

2项平台
① 易董云会议平台
② 易董培训平台（易董慧）

8项专业服务
① 合规咨询服务
② ESG咨询服务
③ 股权激励咨询服务
④ 损失赔偿咨询服务
⑤ 财经公关服务
⑥ 投关咨询服务
⑦ 创新发展与价值提升研究服务
⑧ IPO咨询服务

数字化合规生态圈
平台 ← 数据　　软件 → 服务

上市公司、证券公司、会计师事务所、拟上市公司、新三板公司、律师事务所、公司股东、VC/PE、董监事及高管、机构投资者、董办工作人员、个人投资者

8项定制开发系统
① 上市&专精特新培育系统　② 股份合规管理系统　③ 股权激励管理系统　④ 关联交易重大事项管理系统
⑤ 企业内/外规管理系统　⑥ 投资者损失赔偿系统　⑦ ESG信息采集与评级提升管理系统　⑧ 投资者关系与价值提升系统

价值在线：从合规科技迈向价值生态

价值平台 (SaaS)
投关展示
产业链图谱
投关管理信息化工具
路演&易董云会议系统
投关大数据

ESG咨询
ESG报告专项咨询服务
ESG治理梳理咨询服务
ESG评级维护咨询服务
ESG品牌建设与宣传服务
ESG供应链评级咨询服务
ESG鉴证服务
ESG&碳中和定制化服务

ESG+8评级体系
环境管理实践　社会管理实践
治理管理实践　风险争议管理
经营财务管理　战略创新管理
资本市场管理　外部环境趋势

价值咨询
◉ 投关咨询
价值梳理　路演推介
投关报告
IR新媒体矩阵运维
专项投关顾问
常年投关顾问
买卖方关系维护

◉ 财关咨询
IPO募投可研
IPO财经公关
资本专项服务
危机公关事项
资本品牌建设

ESG及碳管理系统 (SaaS)
ESG法规　ESG舆情　ESG报告
ESG知识图谱　碳计算器　ESG填报管理系统

价值在线
网址：www.ir-online.cn
路演　链接　资讯

投资服务
组团调研
精准对接
行业报告

实体经济
上市公司
拟上市公司

产品　服务　数据　交互

中介机构　投资机构　研究机构

易董投研版 (SaaS)
投研资讯　路演管理
客户管理　数据分析
投研工具

投研服务
对接上市公司
首席面对面
行业论坛

扫码试用价值平台

扫码试用易董投研版

ESG咨询服务

机构定制开发系统

易董IPO版